에듀윌과 함께 시작하면,
당신도 합격할 수 있습니다!

이 일 저 일 전전하다 관리자가 되려고 시작해
최고득점으로 동차 합격한 퇴직자

4살 된 딸아이가 어린이집에 있는 동안 공부해
고득점으로 합격한 전업주부

밤에는 대리운전, 낮에는 독서실에서 공부하며
에듀윌의 도움으로 거머쥔 주택관리사 합격증

누구나 합격할 수 있습니다.
시작하겠다는 '다짐' 하나면 충분합니다.

마지막 페이지를 덮으면,

에듀윌과 함께
주택관리사 합격이 시작됩니다.

15년간
베스트셀러 1위

기초서

기본서

기출문제집

핵심요약집

문제집

네컷회계

주택관리사
교재 보기

베스트셀러 1위 교재로
따라만 하면 합격하는 커리큘럼

STEP 1	STEP 2	STEP 3	STEP 4
기초 이론	이론 완성 1 이론 완성 2	핵심 이론 문제 풀이	마무리 특강 동형 모의고사
시작에 필요한 기초 개념 확인	기본서 반복으로 탄탄한 이론 완성	빈출이론&문제 한 번에 정리	다양한 실전 연습으로 쉬운 합격 완성

* 커리큘럼의 명칭 및 내용은 변경될 수 있습니다.

업계 유일 5년 연속 최고득점자 배출

에듀윌 주택관리사의 우수성, 2023년에도 입증했습니다!

2023 최고득점자

제26회 시험 공동주택관리실무 최고득점자

김O우 합격생

과목별로 최고의 교수님들을 다수 보유하고 있다 보니 그중 제게 맞는 교수님을 선택해서 수강할 수 있었습니다. 2019년부터 매년 과목별 최고 득점자들을 배출했다는 말을 듣고 망설임 없이 에듀윌 주택관리사를 선택하게 됐습니다. 게다가 합격 이후 취업까지 도와주는 '주택 취업지원센터'가 있다는 것도 큰 장점이 아닌가 싶습니다. 에듀윌 교수님들 덕분에 원하는 목표 이상의 성과를 이뤄냈습니다. 에듀윌의 완벽한 교육 시스템에 본인의 노력을 더한다면 분명 누구나 원하는 목표를 달성할 수 있으리라 생각합니다.

주택관리사, 에듀윌을 선택해야 하는 이유

오직 에듀윌에서만 가능한 합격 신화
5년 연속 최고득점자 배출

2023 최고득점

합격을 위한 최강 라인업
주택관리사 명품 교수진

회계원리 윤재옥 · 시설개론 이강일 · 민법 신의영 · 시설개론 신명 · 관계법규 윤동섭 · 관리실무 김영곤

주택관리사

합격부터 취업까지!
에듀윌 주택취업지원센터 운영

합격생들이 가장 많이 선택한 교재
15년간 베스트셀러 1위

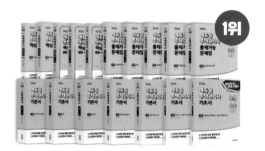

1위

주택관리사, 단기간에 이론을 끝내고 싶다면

공동주택시설개론 요약집 4주 완성 플래너

* 공동주택시설개론 핵심요약집 권장학습기간인 4주는 에듀윌 이론강의에 기반하였습니다. 자세한 사항은 에듀윌 홈페이지(house.eduwill.net)에서 확인하세요.
* 학습 내용 란에 한 주마다의 학습계획을 작성하고, 학습이 끝난 후 성취도 란에 표시합니다.

1주차 　월　일　~　월　일	
학습 내용	**성취도**
예시) PART 1 건축구조 – CHAPTER 01	%
	%
	%
	%
	%
	%
	%
	%
	%
	%
	%

2주차 　월　일　~　월　일	
학습 내용	**성취도**
	%
	%
	%
	%
	%
	%
	%
	%
	%
	%
	%
	%

3주차   월 일 ~ 월 일

학습 내용	성취도
	%
	%
	%
	%
	%
	%
	%
	%
	%
	%
	%
	%

4주차   월 일 ~ 월 일

학습 내용	성취도
	%
	%
	%
	%
	%
	%
	%
	%
	%
	%
	%
	%

에듀윌이
너를
지지할게
ENERGY

세상을 움직이려면
먼저 나 자신을 움직여야 한다.

– 소크라테스(Socrates)

2025
에듀윌 주택관리사
핵심요약집 1차

공동주택시설개론

시험 안내

주택관리사, 무슨 일을 하나요?

주택관리사란?	주택관리사(보) 합격증서	+	대통령령으로 정하는 주택 관련 실무 경력	→	주택관리사 자격증 발급
하는 일은?	공동주택, 아파트 등의 관리사무소장은 물론, 주택관리 전문 공무원, 공동주택 또는 건물관리 용역 업체 창업 등 취업의 문이 넓습니다.					

주택관리사(보) 시험에서는 어떤 과목을 보나요?

제1차 (2025.06.28 시행 예정)

1교시 (총 100분)	회계원리	세부과목 구분 없이 출제 ※ 회계처리 등과 관련된 시험문제는 한국채택국제회계기준(K-IFRS)을 적용하여 출제
	공동주택 시설개론	목구조·특수구조를 제외한 일반건축구조와 철골구조, 홈네트워크를 포함한 건축설비개론 및 장기수선계획 수립 등을 위한 건축적산 포함
2교시 (총 50분)	민법	총칙, 물권, 채권 중 총칙·계약총칙·매매·임대차·도급·위임·부당이득·불법행위

▶ 과목별 각 40문항이며, 전 문항 객관식 5지 택일형으로 출제됩니다.

제2차 (2025.09.20 시행 예정)

1교시 (총 100분)	주택관리 관계법규	다음의 법률 중 주택관리에 관련되는 규정: 「주택법」, 「공동주택관리법」, 「민간임대주택에 관한 특별법」, 「공공주택 특별법」, 「건축법」, 「소방기본법」, 「화재의 예방 및 안전관리에 관한 법률」, 「소방시설 설치 및 관리에 관한 법률」, 「승강기 안전관리법」, 「전기사업법」, 「시설물의 안전 및 유지관리에 관한 특별법」, 「도시 및 주거환경정비법」, 「도시재정비 촉진을 위한 특별법」, 「집합건물의 소유 및 관리에 관한 법률」
	공동주택 관리실무	시설관리, 환경관리, 공동주택회계관리, 입주자관리, 공동주거관리이론, 대외업무, 사무·인사관리, 안전·방재관리 및 리모델링, 공동주택 하자관리(보수공사를 포함한다) 등

▶ 과목별 각 40문항이며, 객관식 5지 택일형 24문항, 주관식 16문항으로 출제됩니다.

상대평가, 어떻게 시행되나요?

2024년 제27회 1,600명 선발 예정!

국가에서 정한 선발예정인원(선발예정인원은 매해 시험 공고에 게재됨) 범위에서 고득점자 순으로 합격자가 결정됩니다.

제1차는 평균 60점 이상 득점한 자, 제2차는 고득점자 순으로 선발!

제1차	매 과목 40점 이상, 전 과목 평균 60점 이상 득점한 사람 중에서 선발합니다.
제2차	매 과목 40점 이상, 전 과목 평균 60점 이상 득점한 사람 중에서 선발하며, 그중 선발예정인원 범위에서 고득점자 순으로 결정합니다. 선발예정인원에 미달하는 경우 전 과목 40점 이상자 중 고득점자 순으로 선발하며, 동점자로 인하여 선발예정인원을 초과하는 경우에는 동점자 모두를 합격자로 결정합니다.

제2차 과목의 주관식 단답형 16문항은 부분점수 적용

괄호가 3개인 경우	3개 정답(2.5점), 2개 정답(1.5점), 1개 정답(0.5점)
괄호가 2개인 경우	2개 정답(2.5점), 1개 정답(1점)
괄호가 1개인 경우	1개 정답(2.5점)

2020년 상대평가 시행 이후 제2차 시험 합격선은?

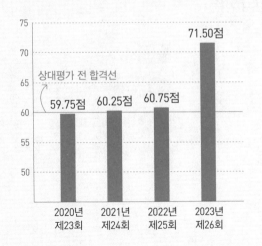

4개년 합격선 평균 63.1점!

상대평가 시행 이후 제25회 시험까지는 합격선이 60점 내외로 형성되었지만, 제26회에는 평균 71.50점에서 합격선이 형성되며 합격에 필요한 점수가 상당히 올라갔습니다. 앞으로도 에듀윌은 변화하는 수험 환경에 맞는 학습 커리큘럼과 교재를 통해 수험자 여러분들을 합격의 길로 이끌겠습니다.

에듀윌 핵심요약집이 효율적인 이유!

"시작하기에 너무 늦지는 않았을까?"
"양이 너무 많아서 뭐부터 공부해야 할지 모르겠어…"

고민은 그만, 에듀윌 핵심요약집으로 해결하세요!

베스트셀러 1위, 합격생이 인정한 교재

 합격생 A

> 변별력을 위한 문제를 제외하고 핵심요약집에 모든 내용이 담겨 있어 전체적인 내용 파악을 편하게 할 수 있었어요.

 합격생 B

> 공부해야 할 양이 만만치 않아 시험 한 달 전까지도 자신이 없었는데, 핵심요약집과 강의를 중점적으로 학습하여 좋은 결과를 얻을 수 있었어요.

* YES24 수험서 자격증 주택관리사 핵심요약 베스트셀러 1위
  – 민법 2024년 1월, 시설개론 2024년 5월 월별 베스트
  – 회계 2024년 4월 2주 주별 베스트

방대한 주택관리사, 핵심만 담은 집약이론

히빙현상? 용접부 검사?
센트럴 믹스트? 물시멘트비가 큰 경우?
말뚝기초의 지정? 크로스커넥션?
유인사이펀? 체절운전?

넓은 범위, 수많은 주제와 키워드

핵심	장기하중
핵심	입체(특수)식 구조형식
핵심	콘크리트 재료
핵심	각종 지붕잇기

핵심만 싹 모은 **진짜 요약서!**

합격을 위한 최종병기, 차별화된 복습자료

빈칸 채우기로 CHAPTER 마무리

1차 과목의 요약이론 중에서도 CHAPTER별로 반드시 알아야 하는 빈출이론은 빈칸을 채워가며 최종적으로 복습하고, 나만의 요약이론으로 활용할 수 있습니다.

주택관리관계법규 체계도

방대한 양의 주택관리관계법규 이론을 체계도로 간단명료하게 정리할 수 있습니다.

공동주택관리실무 문제편

공동주택관리실무 핵심이론을 간단 문제로 확실히 정리할 수 있습니다.

* 상기 교재의 이미지는 변경될 수 있습니다.

➕ PLUS **핵심요약집, 함께하면 좋은 책은?**

단원별 기출문제집(2종)

주택관리사(보) 최근 기출문제로 약점 극복, 실전 완벽 대비!

(1차: 2024년 11월 출간, 2차: 2025년 1월 출간 예정)

출제가능 문제집(5종)

주택관리사(보) 최근문제 해결 능력 확실히 키우기!

(2025년 1~2월 출간 예정)

* 상기 교재의 이미지는 변경될 수 있습니다.

구성과 특징

1 CHAPTER 미리보기
단원의 핵심주제와 그중 중요도가 높은 주제를 미리 파악할 수 있습니다.

2 핵심이론
기출 분석을 기반으로 과목별로 가장 핵심적인 이론을 본문에 실었습니다. ★로 중요도를 확인하세요.

3 연계학습
더 깊이 학습하고 싶다면, 기본서 연계학습 페이지로 이동하여 학습할 수 있습니다.

4 회독체크
반복학습을 할 때마다 회독 체크표에 표시하세요.

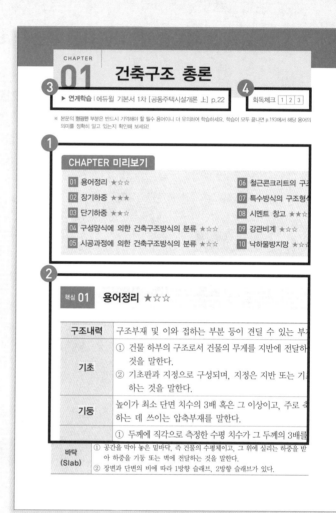

CHAPTER
01 건축구조 총론

3 ▶ 연계학습 | 에듀윌 기본서 1차 [공동주택시설개론 上] p.22   **4** 회독체크 1 2 3

※ 본문의 형광펜 부분은 반드시 기억해야 할 필수 용어이니 더 유의하여 학습하세요. 학습이 모두 끝나면 p.193에서 해당 용어의 의미를 정확히 알고 있는지 확인해 보세요!

1

CHAPTER 미리보기

01 용어정리 ★☆☆	06 철근콘크리트의 구조
02 장기하중 ★★★	07 특수방식의 구조형식
03 단기하중 ★★☆	08 시멘트 창고 ★★☆
04 구성양식에 의한 건축구조방식의 분류 ★☆☆	09 강관비계 ★☆☆
05 시공과정에 의한 건축구조방식의 분류 ★☆☆	10 낙하물방지망 ★☆☆

2

핵심 **01**   용어정리 ★☆☆

구조내력	구조부재 및 이와 접하는 부분 등이 견딜 수 있는 부
기초	① 건물 하부의 구조로서 건물의 무게를 지반에 전달하는 것을 말한다. ② 기초판과 지정으로 구성되며, 지정은 지반 또는 기초 하는 것을 말한다.
기둥	높이가 최소 단면 치수의 3배 혹은 그 이상이고, 주로 축하는 데 쓰이는 압축부재를 말한다.
	① 두께에 직각으로 측정한 수평 치수가 그 두께의 3배를
바닥 (Slab)	① 공간을 막아 놓은 밑바닥, 즉 건물의 수평체이고, 그 위에 실리는 하중을 받아 하중을 기둥 또는 벽에 전달하는 것을 말한다. ② 장변과 단변의 비에 따라 1방향 슬래브, 2방향 슬래브가 있다.

➕ 특별제공

4주 완성 플래너
가장 먼저 한 주마다의 학습계획을 작성하고 성취도를 적어 보세요. 계획적인 학습이 성공의 지름길입니다.

PART별 분석전략
최근 5개년 출제경향을 반영한 PART별 분석자료를 확인하고 전략적으로 학습해 보세요.

비계의 띠장 및 장선	① 띠장의 수직간격은 2.0m 이하로 한다. 다만, 작업의 여건상 이를 준수하기 가 곤란하여 쌍기둥틀 등에 의하여 해당 부분을 보강한 후 구조설계에 의해 안전성을 확인한 경우는 그러하지 아니하다. ② 장선의 간격은 1.85m 이내로 하며, 비계기둥과 띠장의 교차부에서는 비계 기둥에 결속하며, 그 중간부분에서는 띠장에 결속하여야 한다. ③ 벽 이음재의 배치간격은 수직 방향 5m 이하, 수평 방향 5m 이하로 설치한다.
가새재	① 대각으로 설치하는 가새재는 비계의 외면으로 수평면에 대해 40~60° 방향 으로 설치하며, 비계기둥에 결속한다. ② 가새재의 배치간격은 약 10m마다 교차하는 것으로 한다.

핵심 10 낙하물방지망 ★☆☆

정의	작업 도중 자재, 공구 등의 낙하로 인한 피해를 방지하기 위하여 벽체 및 비계 외부에 수평방향으로 설치하는 망
종류	수평·수직 낙하물방지망, 방호선반, 방호시트, 방호철망 등
설치 시 주의사항	① 낙하물방지망의 설치는 높이 10m 이내 또는 3개 층마다 설치한다. ② 낙하물방지망의 내민길이는 비계의 외측에서 2m 이상, 방지망의 겹침길이 는 150mm 이상으로 하고, 수평면과 방지망의 각도는 20~30°로 한다.

5

빈칸 채우기로 CHAPTER 마무리

❶ 벽은 두께에 직각으로 측정한 수평 치수가 그 두께의 (   )배를 넘는

❷ 고정하중은 구조체 자체의 무게인 자중, 고정된 기계설비 등의 하중으로, 고정칸막이
   부재의 하중도 (   )한다.

❸ 기본지상설하중은 재현기간 (   )년에 대한 수직 최심적설깊이를 기준으로
   다르다.

❹ 풍하중은 건축물의 형태 및 지형의 영향을 받으며, 수평하중으로 바람을 받는 벽
   (   ).

❺ 건물의 고유진동주기는 건물의 층수가 늘어남에 따라 더욱 길어지게 되므로, 진동
   (   )한다.

야 하며, 시공 여건을 고려하여 별도의 설계가 요구되는 경우에는 안전성을 검토한 후 설치할 수 있다.

정답
① 3 ② 포함 ③ 100 ④ 크다 ⑤ 비례 ⑥ 25 ⑦ 1.85 / 1.5

---

❺ 빈칸 채우기

반드시 알아야 하는 빈출이론은 빈칸 채우기로 제공합니다. 단원 학습 후 빈칸을 채우며 복습하고, 노트에 따라 적으며 나만의 요약집으로 활용해 보세요.

필수용어 찾아보기

본문 학습이 끝나면 과목별로 해당 용어의 의미를 정확히 알고 있는지 체크해 보고, 헷갈리는 용어는 본문으로 돌아가 다시 학습합니다.

차례

PART 1 | 건축구조

CHAPTER 01 | 건축구조 총론
01 용어정리   16
02 장기하중   17
03 단기하중   17
04 구성양식에 의한 건축구조방식의 분류   18
05 시공과정에 의한 건축구조방식의 분류   19
06 철근콘크리트의 구조형식   19
07 특수방식의 구조형식   20
08 시멘트 창고   20
09 강관비계   20
10 낙하물방지망   21

CHAPTER 02 | 토공사 및 기초구조
01 사질토와 점성토의 특징 비교   22
02 지반의 허용지내력도   23
03 지반조사 방법의 분류   23
04 보링(Boring)   23
05 지반조사방법   24
06 부동(등)침하   24
07 지반개량공법   25
08 흙막이 붕괴현상   26
09 흙파기 공법의 종류   26
10 역타(Top down) 공법   27
11 기초구조의 일반사항   27
12 기초의 분류   28
13 말뚝지정(기초)의 분류   29

CHAPTER 03 | 철근콘크리트구조
01 철근콘크리트구조의 일반사항   31
02 철근의 이음 및 정착위치   33
03 철근의 피복두께   34
04 보의 늑근(Stirrup)과 기둥의 띠철근(나선철근) 비교   34
05 거푸집의 재료   35
06 거푸집의 측압   35
07 콘크리트 재료   36
08 경화 전(굳지 않은) 콘크리트의 성질   38
09 콘크리트 압축강도   38

10 콘크리트 품질관리(검사항목) 및 구조물의 저하요인   40
11 콘크리트의 사용성   42
12 콘크리트 시공   45
13 양생(보양, Curing)   48
14 특수콘크리트 종류   48
15 철근콘크리트 부재   51

CHAPTER 04 | 강구조
01 강구조의 장단점   54
02 용어정리   55
03 강재의 분류   55
04 녹막이 도장작업(방청도료)   56
05 접합부 설계 시 고려사항   57
06 고장력볼트(고력볼트)접합   57
07 용접접합   59
08 강재보   61
09 슬래브   62
10 내화피복공법   62

CHAPTER 05 | 조적구조
01 조적재료   65
02 모르타르   66
03 벽돌구조   66
04 벽돌조 건물의 균열   68
05 백화현상   69
06 벽돌조 복원 및 청소공사   70
07 블록구조   71
08 석재붙임공법   72
09 조적조 테두리보의 구조제한   72
10 조적조 내력벽의 구조제한   73

CHAPTER 06 | 방수 및 방습공사
01 시멘트 모르타르계 방수   75
02 아스팔트 방수   76
03 시멘트 모르타르계 방수와 아스팔트 방수의 비교   77
04 시트방수   78
05 도막방수   79
06 실링방수   80
07 안방수와 바깥방수의 비교   80

08 방습공사 사용 재료   81
09 방습공사의 일반사항   81
10 방습공사 시공   82

CHAPTER 07 | **지붕 및 홈통공사**

01 지붕재료 및 물매   83
02 아스팔트 지붕공사   84
03 홈통에서 우수의 흐름 순서   85
04 홈통 시공   85

CHAPTER 08 | **창호 및 유리공사**

01 창호 일반사항   87
02 창호의 분류   88
03 창호철물   89
04 유리의 종류   90
05 유리공사의 일반사항   91

CHAPTER 09 | **미장 및 타일공사**

01 미장재료의 구분   93
02 미장시공 시 조건   93
03 미장재료별 바름공법   94
04 금속철물의 종류   95
05 타일공사의 일반사항   96
06 타일 줄눈 너비의 표준   97
07 타일붙임공법   97

CHAPTER 10 | **도장 및 수장공사**

01 도료의 원료   99
02 도료의 종류   99
03 도료의 보관   100
04 도장시공   101
05 도장시공법 및 균열 원인   101
06 벽의 수장공사   102

CHAPTER 11 | **적산 및 견적**

01 용어정리   103
02 공사가격의 구성요소   103
03 표준품셈   104
04 구조물의 체적 및 면적산정 시 공제 여부   105
05 벽돌공사 시 공사량 산출   105
06 블록량 산출   106
07 타일량 산출   106

PART 2 | 건축설비

CHAPTER 01 | 건축설비 총론

01 용어정리   110
02 기초역학   111
03 환경요소   111
04 실내 소음방지(방음) 공사   112
05 전열   113
06 단열공법   114
07 결로현상   115
08 배관재료의 종류   115
09 밸브류   116

CHAPTER 02 | 급수설비

01 용수   118
02 급수량과 필요압력   119
03 급수방식   119
04 급수배관방식   120
05 급수오염현상   121
06 펌프   121

CHAPTER 03 | 급탕설비

01 용어정리   124
02 보일러 종류별 특징   125
03 급탕설비용 기기   126
04 급탕방식의 분류   127
05 급탕배관   127

CHAPTER 04 | 배수 · 통기 및 위생기구설비

01 배수관의 종류   130
02 배수트랩의 종류   131
03 트랩의 봉수   131
04 배수설비의 배관설계   133
05 배수시험과 검사   133
06 통기설비의 목적 및 시공   134
07 통기관의 종류   135
08 통기배관설계   137
09 위생기구   138
10 대변기의 세정급수방식에 의한 분류   139

CHAPTER 05 | 오수정화설비

01 개인하수처리시설의 방류수 수질 측정기간   140
02 용어정리   140
03 오수정화처리법   141
04 부패탱크식 오수정화조   142
05 장시간 폭기방식 오수정화 순서   142

CHAPTER 06 | 가스설비

01 가스설비의 개요   144
02 LPG(액화석유가스)와 LNG(액화천연가스)   145
03 가스계량기(Gas Meter)   145
04 가스배관설계   146

CHAPTER 07 | 소방설비

01 화재   148
02 소방설비의 분류   149
03 소방시설의 분류   149
04 스프링클러 시스템   150
05 가압송수장치   150
06 자동화재탐지설비   151
07 피난구조설비   153

CHAPTER 08 | 난방 및 냉동설비

01 방열기(Radiator)   156
02 온수난방과 증기난방의 비교   157
03 난방설비의 순환방식   158
04 복사난방   158
05 지역난방의 장단점   160
06 냉동기의 성능   160
07 냉매종류   161
08 냉동기의 비교   161

CHAPTER 09 | 공기조화 및 환기설비

01 공기조화 부하   163
02 공기조화설비 계획   164
03 공기조화설비의 장치   164
04 기계환기(강제환기)   165
05 환기설비의 공식   166

CHAPTER 10 | 전기 및 수송설비

01 전기설비의 용어정리 167
02 수변전설비 168
03 간선 168
04 분전반 169
05 배선공사방법 170
06 공동주택 전기자동차 충전시설의 설치 170
07 방재설비 171
08 조명설비 172
09 교류 vs 직류 엘리베이터 173
10 비상용 승강기 설치기준 174
11 엘리베이터 안전장치 175

CHAPTER 11 | 홈네트워크 및 건축물의 에너지절약설계기준

01 홈네트워크기술 177
02 홈네트워크 설비 용어 177
03 공동주택 홈네트워크 필수설비 179
04 홈네트워크설비의 설치기준 179
05 에너지 182
06 건축물부문 에너지절약설계기준 182
07 기계설비부문 에너지절약설계기준 183
08 전기설비부문 에너지절약설계기준 185

PART 1

건축구조

CHAPTER 01 건축구조 총론

CHAPTER 02 토공사 및 기초구조

CHAPTER 03 철근콘크리트구조

CHAPTER 04 강구조

CHAPTER 05 조적구조

CHAPTER 06 방수 및 방습공사

CHAPTER 07 지붕 및 홈통공사

CHAPTER 08 창호 및 유리공사

CHAPTER 09 미장 및 타일공사

CHAPTER 10 도장 및 수장공사

CHAPTER 11 적산 및 견적

최근 5개년 평균 출제비율

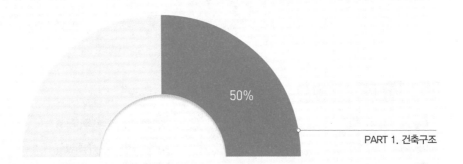

50%

PART 1. 건축구조

최근 5개년 CHAPTER별 평균 출제비율 & 빈출 키워드

CHAPTER	출제비율	빈출 키워드
01. 건축구조 총론	5.0%	설계하중, 건축구조방식
02. 토공사 및 기초구조	3.0%	지반, 기초구조
03. 철근콘크리트구조	8.5%	철근공사, 콘크리트공사, 철근콘크리트 부재 설계
04. 강구조	5.5%	철골부재의 접합방법, 철골구조의 현장시공
05. 조적구조	3.5%	벽돌구조
06. 방수 및 방습공사	4.5%	방수공사
07. 지붕 및 홈통공사	2.0%	지붕공사, 홈통공사
08. 창호 및 유리공사	5.5%	창호공사, 유리공사
09. 미장 및 타일공사	4.5%	미장공사, 타일공사
10. 도장 및 수장공사	3.0%	도장공사
11. 적산 및 견적	5.0%	개요, 각 공사별 물량산출

PART 1 | 합격전략

PART 1. 건축구조는 모든 단원에서 골고루 출제되고 있으나 그중에서도 철근콘크리트구조가 가장 높은 출제 비중을 보입니다. 주로 건축구조에 대하여 필수적으로 알아야 할 사항 위주로 출제되고 있고, 건설기준코드 표준시방서(KCS)를 통한 공사내용에 대한 문제가 3~5문제 정도 어렵게 출제되고 있습니다. 단순한 암기보다는 이해 위주의 암기가 필요하고, 용어정리에 대한 완벽한 이해와 새롭게 개정된 건설기준코드 표준시방서(KCS)에 대한 내용정리가 필요합니다.

※ 본문의 **형광펜** 부분은 반드시 기억해야 할 필수 용어이니 더 유의하여 학습하세요. 학습이 모두 끝나면 p.193에서 해당 용어의 의미를 정확히 알고 있는지 확인해 보세요!

CHAPTER 미리보기

01 용어정리 ★☆☆   06 철근콘크리트의 구조형식 ★★☆
02 장기하중 ★★★   07 특수방식의 구조형식 ★☆☆
03 단기하중 ★★☆   08 시멘트 창고 ★★☆
04 구성양식에 의한 건축구조방식의 분류 ★☆☆   09 강관비계 ★☆☆
05 시공과정에 의한 건축구조방식의 분류 ★☆☆   10 낙하물방지망 ★☆☆

핵심 01   용어정리 ★☆☆

구조내력	구조부재 및 이와 접하는 부분 등이 견딜 수 있는 부재력을 말한다.
기초	① 건물 하부의 구조로서 건물의 무게를 지반에 전달하여 완전히 지탱하게 하는 것을 말한다. ② 기초판과 지정으로 구성되며, 지정은 지반 또는 기초 부분을 튼튼하게 보강하는 것을 말한다.
기둥	높이가 최소 단면 치수의 3배 혹은 그 이상이고, 주로 축방향의 압축하중을 지지하는 데 쓰이는 압축부재를 말한다.
벽	① 두께에 직각으로 측정한 수평 치수가 그 두께의 3배를 넘는 수직부재를 말한다. ② 수직으로 설치하여 공간을 구성하는 부재로, 단순히 기둥과 벽체의 공간을 막아 주는 역할만 하는 장막벽(= 비내력벽, 칸막이벽)과 바닥판을 지지하여 하부로 전달하는 내력벽(耐力壁)이 있다.
보 (Beam, Girder)	① 건물 혹은 구조물의 형틀 부분을 구성하는 수평부재로, 작은보(Beam)와 큰보(Girder)가 있다. ② 지지 형태에 따라 양쪽이 지지된 고정보, 기둥에 단순히 얹어진 단순보, 한쪽만 지지되고 다른 한쪽은 공중에 떠 있는 내민보(= 캔틸레버보) 등이 있다.
바닥 (Slab)	① 공간을 막아 놓은 밑바닥, 즉 건물의 수평체이고, 그 위에 실리는 하중을 받아 하중을 기둥 또는 벽에 전달하는 것을 말한다. ② 장변과 단변의 비에 따라 1방향 슬래브, 2방향 슬래브가 있다.

핵심 02 장기하중 ★★★

분류	① 일반지역: 고정하중(D) + 활(적재)하중(L) ② 다설지역: 고정하중(D) + 활(적재)하중(L) + 설하중(S)
고정하중	① 고정하중은 건축물의 주요 구조부와 이에 부착·고정되어 있는 비내력 부분 및 각종 시설·설비(엘리베이터 등) 등의 중량에 의하여 구조물의 존치기간 중 지속적으로 작용하는 정적인 연직하중을 말한다. ② 고정하중은 구조체 자체의 무게인 자중, 고정된 기계설비 등의 하중으로, 고정 칸막이 벽과 같은 비구조 부재의 하중도 포함한다. ③ 고정하중은 구조물에서 골조나 마감재 자중과 같이 이동하지 않는 고정된 하중으로, 설계하중 중에서 가장 기본적인 하중이다.
활(적재) 하중	① 활하중은 적재하중이라고도 하며, 건물의 사용 및 점유에 의해서 발생하는 하중으로 사람, 가구, 이동칸막이, 창고의 저장물, 설비기계 등의 수직하중을 말한다. ② 활하중은 신축 건축물 및 공작물의 구조계산과 기존 건축물의 안전성 검토 시 적용된다. ③ 활하중은 등분포 활하중과 집중 활하중으로 분류하며, 그 크기는 구조물의 안전도를 고려한 용도별 최솟값으로 정한다. ④ 활하중은 점유·사용에 의하여 발생할 것으로 예상되는 최대의 하중이어야 한다. ⑤ 활하중은 분포 특성을 파악하기 어렵고, 건축물의 사용용도에 따라 변동폭이 크다. ⑥ 조적조의 칸막이벽은 활하중이 아닌 고정하중으로 간주하여 산정하여야 한다. ⑦ 지붕활하중을 제외한 등분포 활하중은 부재의 영향면적이 $36m^2$ 이상인 경우 최소 기본등분포 활하중에 활하중저감계수를 곱하여 저감할 수 있다.

핵심 03 단기하중 ★★☆

분류	① 설하중(S), 풍하중(W), 지진하중(E), 강우하중(R), 충격하중(I) 등 ② 구조물에 일시적으로 작용하는 하중
설하중	① 설하중은 구조물에 쌓이는 눈의 무게에 의해서 발생하는 하중이다. ② 설하중은 적설의 단위중량에 따라 그 지방의 수직 최다 적설량을 곱하여 계산한다. ③ 기본지상설하중은 재현기간 100년에 대한 수직 최심적설깊이를 기준으로 하며 지역에 따라 다르다(단, 구조물의 용도 등에 따라 재현기간 100년을 적용하지 않을 때는 소요 재현기간에 맞추어 환산한 지상설하중값을 사용할 수 있다). ④ 설하중은 구조물이 위치한 지역의 기상조건, 건물 지붕의 형상 및 경사 등에 영향을 많이 받는다. ⑤ 설하중은 지붕의 물매가 작을수록 크다.

풍하중		① 풍하중은 주골조설계용 수평풍하중·지붕풍하중 및 외장재설계용 풍하중으로 구분하여 산정한다. ② 풍하중은 건축물의 형태 및 지형의 영향을 받으며, 수평하중으로 바람을 받는 벽면의 면적이 클수록 크다. ③ 속도압은 건축물설계용 풍하중을 결정하기 위한 평균풍속의 등가정적 속도압으로, 건축물에 작용하는 풍압력을 산정하는 경우 기본이 되는 양을 말하며, 공기밀도에 설계풍속의 제곱을 곱하여 산정한다.
지진하중	특성	① 지진하중은 수평하중으로 건축물이 무거울수록 크다. ② 건물의 고유주기는 건물의 층수가 늘어남에 따라 더욱 길어지게 되므로, 진동주기는 건물높이에 비례한다. ③ 지진하중은 지반종류에 영향을 받는다. ④ 반응수정계수가 클수록 지진하중은 감소한다. ⑤ 밑면전단력은 구조물의 밑면 지반운동에 의한 수평지진력이 작용하는 기준면에 작용하는 설계용 총전단력을 말한다.
	설계 방법	① 내진구조: 구조물이 지진력에 견디도록 구조물의 강성을 확보하는 기술로, 건축물 내부에 전단벽이라고 하는 철근콘크리트의 내진벽을 설치한다. ② 제진구조: 별도의 장치를 이용하여 지진력에 상응하는 힘을 구조물 내에 발생시키거나 지진력을 흡수하여 구조물이 부담해야 할 지진력을 감소시키는 능동적인 기술이다. ③ 면진구조: 지진파가 가지고 있는 강한 에너지 대역으로부터 도피하여 지진과 대항하지 않고 지진을 피하고자 하는 수동적 기술이다.
	내진설계 시 고려사항	① 단순화·정형화하고 대칭적인 형태를 가져야 한다. ② 입면이나 평면에서 길이와 폭의 비가 지나치게 크지 않아야 한다. ③ 건축 구조물의 중량을 가볍게 하고, 연성이 큰 구조로 한다. ④ 지반 자체의 고유주기와 구조물의 고유주기가 일치하지 않도록 한다. ⑤ 기둥보다는 보에서 먼저 소성 변형이 일어나도록 설계해야 한다. ⑥ 필로티(Pilotis)형 구조는 가능하면 피하는 것이 좋다.

핵심 04 구성양식에 의한 건축구조방식의 분류 ★☆☆

조적식구조	벽돌구조, 블록구조, 돌구조
가구식구조	목구조, 철골구조
일체식구조	철근콘크리트구조, 철골철근콘크리트구조

시공과정에 의한 건축구조방식의 분류 ★☆☆

습식구조	벽돌구조, 블록구조, 돌구조, 철근콘크리트구조, 철골철근콘크리트구조	
건식구조	목구조, 철골구조	
현장구조	콘크리트 배합 및 시공, 거푸집 제작 등	
조립식(PC) 구조	장점	① 공장작업으로 대량생산 가능 ② 기계화 시공으로 공기 단축 ③ 재료가 절약되어 공사비 절감 ④ 현장 거푸집 비용 절감 ⑤ 계절에 관계없이 공사가 가능하여 날씨가 추운 지역에서 많이 이용
	단점	① 접합부의 강성이 취약(일체화 곤란) ② 소규모 공사 불리 ③ 횡력에 약하고 운반이 어려움 ④ 제품치수의 치밀한 설계 필요 ⑤ 표준화된 부재사용으로 다양하고 변화 있는 외형추구 곤란

핵심 **06** **철근콘크리트의 구조형식** ★★☆

라멘구조	① 기둥과 보로 구조체의 뼈대를 강절점 또는 고정단으로 연결하여 하중에 대해 일체로 저항하도록 한 구조이다. ② 공간구성의 가변성이 커지는 장점과 층고가 높아지는 단점이 있다.
벽식구조	① 벽체나 바닥판의 평면적인 구조체만으로 구성한 구조물로, 기둥이나 보 없이 바닥슬래브와 벽으로 연결되어 구조물 전체의 강성이 우수하다. ② 층고를 낮출 수 있는 장점과 공간구성의 가변성이 작아지는 단점이 있다.
플랫슬래브 구조	① 무량판 슬래브라고도 하며, 건물의 외부보를 제외하고는 내부에는 보 없이 바닥판만으로 구성하고 상부하중을 직접 기둥에 전달하는 구조이다. ② 뚫림전단현상(Punching Shear)을 방지하기 위해 지판과 주두를 붙인다. ③ 층고를 낮출 수 있으며, 공간의 가변성이 일반슬래브보다 커서 실내이용률이 높다. ④ 고정하중이 커지고, 뼈대의 강성이 약해지는 단점이 있다.
골조구조	① **이중골조 구조**: 수평력의 25% 이상을 부담하는 연성모멘트골조가 전단벽이나 가새골조와 조합되어 있는 구조이다. ② **골조-전단벽 구조**: 수평력에 전단벽과 골조가 동시에 저항하는 구조이다.

특수방식의 구조형식 ★☆☆

입체트러스 (Truss)구조	선형부재들을 입체적으로 조립하여 각 부재가 축방향력(압축 및 인장력)만 받게 하는 구조이다.
절판구조	판을 주름지게 하여 휨에 대한 저항능력을 향상시키는 구조이다.
쉘(Shell) 구조	곡면판재(플레이트)의 역학적 특성을 이용한 것으로, 하중을 면내응력으로 전달하는 방식이다.
현수(케이블) 구조	구조물을 케이블로 매달아 공간을 구성하는 구조로, 케이블에서 인장응력이 지배적인 응력상태가 되도록 하는 구조이다.
아치구조	상부에서 오는 수직압력을 아치 축선을 따라 좌우로 나누어 밑으로 압축력만 전달하고 아치의 하부에 인장력이 생기지 않게 한 구조이다.

시멘트 창고 ★★☆

설치 시 주의사항	① 주위에 배수로를 두어 침수를 방지하고, 바닥은 방습상 지반에서 300mm 이상의 높이로 한다. ② 필요한 출입구 및 채광창 외에 공기유통을 막기 위하여 될 수 있는 한 개구부를 설치하지 아니한다(환기창 설치 금지). ③ 반입구와 반출구를 따로 두고, 먼저 반입한 것을 먼저 사용한다. ④ 단기간 저장하는 경우 쌓기 단수는 13포대 이하로 한다(단, 장기 저장 시 7포대 이상 쌓아 올리지 않아야 한다). ⑤ 장기간(3개월 이상) 경과한 시멘트는 재시험을 거친 후 사용한다.

강관비계 ★☆☆

비계기둥	① 비계기둥의 간격은 띠장 방향으로 1.85m 이하, 장선 방향으로 1.5m 이하이어야 하며, 시공 여건을 고려하여 별도의 설계가 요구되는 경우에는 안전성을 검토한 후 설치할 수 있다. ② 기둥 높이가 31m를 초과하면 기둥의 최고부에서 하단 쪽으로 31m 높이까지는 강관 1개로 기둥을 설치하고, 31m 이하의 부분은 좌굴을 고려하여 강관 2개를 묶어 기둥을 설치하여야 한다.

비계의 띠장 및 장선	① 띠장의 수직간격은 2.0m 이하로 한다. 다만, 작업의 여건상 이를 준수하기가 곤란하여 쌍기둥틀 등에 의하여 해당 부분을 보강한 후 구조설계에 의해 안전성을 확인한 경우는 그러하지 아니하다. ② 장선의 간격은 1.85m 이내로 하며, 비계기둥과 띠장의 교차부에서는 비계기둥에 결속하며, 그 중간부분에서는 띠장에 결속하여야 한다. ③ 벽 이음재의 배치간격은 수직 방향 5m 이하, 수평 방향 5m 이하로 설치한다.
가새재	① 대각으로 설치하는 가새재는 비계의 외면으로 수평면에 대해 40 ~ 60° 방향으로 설치하며, 비계기둥에 결속한다. ② 가새재의 배치간격은 약 10m마다 교차하는 것으로 한다.

핵심 10 낙하물방지망 ★☆☆

정의	작업 도중 자재, 공구 등의 낙하로 인한 피해를 방지하기 위하여 벽체 및 비계 외부에 수평방향으로 설치하는 망
종류	수평·수직 낙하물방지망, 방호선반, 방호시트, 방호철망 등
설치 시 주의사항	① 낙하물방지망의 설치는 높이 10m 이내 또는 3개 층마다 설치한다. ② 낙하물방지망의 내민길이는 비계의 외측에서 2m 이상, 방지망의 겹침길이는 150mm 이상으로 하고, 수평면과 방지망의 각도는 20 ~ 30°로 한다.

빈칸 채우기로 CHAPTER 마무리

❶ 벽은 두께에 직각으로 측정한 수평 치수가 그 두께의 (   )배를 넘는 수직부재를 말한다.

❷ 고정하중은 구조체 자체의 무게인 자중, 고정된 기계설비 등의 하중으로, 고정칸막이 벽과 같은 비구조부재의 하중도 (   )한다.

❸ 기본지상설하중은 재현기간 (   )년에 대한 수직 최심적설깊이를 기준으로 하며 지역에 따라 다르다.

❹ 풍하중은 건축물의 형태 및 지형의 영향을 받으며, 수평하중으로 바람을 받는 벽면의 면적이 클수록 (   ).

❺ 건물의 고유진동주기는 건물의 층수가 늘어남에 따라 더욱 길어지게 되므로, 진동주기는 건물높이에 (   )한다.

❻ 이중골조 구조: 지진력(수평력)의 (   )% 이상을 부담하는 연성모멘트골조가 전단벽이나 가새골조와 조합되어 있는 구조이다.

❼ 비계기둥의 간격은 띠장 방향으로 (   )m 이하, 장선 방향으로 (   )m 이하이어야 하며, 시공 여건을 고려하여 별도의 설계가 요구되는 경우에는 안전성을 검토한 후 설치할 수 있다.

정답
① 3   ② 포함   ③ 100   ④ 크다   ⑤ 비례   ⑥ 25   ⑦ 1.85 / 1.5

02 토공사 및 기초구조

▶ **연계학습** | 에듀윌 기본서 1차 [공동주택시설개론 上] p.62

회독체크 1 2 3

CHAPTER 미리보기

01 사질토와 점성토의 특징 비교 ★★☆
02 지반의 허용지내력도 ★☆☆
03 지반조사 방법의 분류 ★★☆
04 보링(Boring) ★★★
05 지반조사방법 ★★★
06 부동(등)침하 ★★★
07 지반개량공법 ★★☆

08 흙막이 붕괴현상 ★☆☆
09 흙파기 공법의 종류 ★★☆
10 역타(Top down) 공법 ★☆☆
11 기초구조의 일반사항 ★★★
12 기초의 분류 ★★★
13 말뚝지정(기초)의 분류 ★★★

핵심 01 사질토와 점성토의 특징 비교 ★★☆

구분	사질토	점성토
투수성	크다	작다
가소성	없다	크다
압밀 속도	빠르다(단기침하)	느리다(장기침하)
총침하량	작다	크다
내부 마찰각	크다	없다
점착력	없다	크다
불교란 시료 채취	어렵다	쉽다
예민비	작다	크다
액상화(유동화)현상	크다	작다
지중응력분포(접지압)	주변에서 최소, 중앙에서 최대	주변에서 최대, 중앙에서 최소

핵심 02 지반의 허용지내력도 ★☆☆

구분	허용지내력도 크기
일반적인 지반	경암반 > 연암반 > 자갈 > 자갈·모래 혼합물 > 모래 섞인 점토 > 모래, 점토
밀실한 지반	경암반 > 연암반 > 자갈 > 자갈·모래 혼합물 > 모래 > 모래 섞인 점토 > 점토

핵심 03 지반조사 방법의 분류 ★★☆

지반조사
- 지하탐사법 : 짚어보기, 터파보기, 물리적 탐사법
- 보링(Boring) : 오거 보링, 수세식 보링, 충격식 보링, 회전식 보링
- 시료 채취(Sampling) : 교란 시료 채취, 불교란 시료 채취
- 사운딩(Sounding) : 표준관입시험, 베인(Vane) 시험, 콘 관입시험
- 토질 시험 : 물리적 시험, 역학적 시험
- 지내력 시험 : 평판재하시험, 말뚝재하시험

핵심 04 보링(Boring) ★★★

종류	방법
오거 보링 (Auger Boring)	① 나선형으로 된 송곳을 인력으로 지중에 틀어박는 방법으로, 가장 간단 ② 깊이 10m 이내의 점토층에 사용
수세식 보링	① 비교적 연약한 토사에 수압을 이용하여 탐사하는 방식 ② 선단에 충격을 주어 이중관을 박고 물을 뿜어내어 파진 흙과 물을 같이 배출(깊이 30m 정도의 연질층에 사용)
충격식 보링	① 경질층을 깊이 파는 데 이용되는 방식 ② 와이어 로프의 끝에 있는 충격날의 상하 작동에 의한 충격으로 토사 암석을 파쇄 천공하여 파쇄된 토사는 배출
회전식 보링 (Rotary Boring)	① 지층의 변화를 연속적으로 비교적 정확히 알고자 할 때 이용하는 방식으로 불교란 시료의 채취 가능 ② 로드(Rod)의 선단에 첨부하는 날(Bit)을 회전시켜 천공하는 방식

종류	목적
표준관입 시험	① 목적: 점성토 지반에서는 실시하지 않는 것을 원칙으로 하며, 사질 지반의 밀도 측정 ② 방법: 63.5kg의 추를 76cm 높이에서 낙하시켜 30cm 관입 ③ 타격횟수 N값: 10 ~ 30 값은 지반의 밀실한 정도가 중간 상태 ④ 사질 지반에서는 흐트러지지 않은 시료의 채취가 곤란
베인 테스트	점토 지반의 점착력 판별
평판재하 시험	① 평판재하 시험의 재하판은 직경 300mm를 표준으로 하며, 예정 기초저면에 설치한다. ② 최대 재하하중은 지반의 극한지지력 또는 예상되는 설계하중의 3배로 한다. ③ 재하는 5단계 이상으로 나누어 시행하고 각 하중 단계에 있어서 침하가 정지되었다고 인정된 상태에서 하중을 증가한다. ④ 24시간 경과 후 0.1mm 이하의 변화를 보인 때의 총침하량이 20mm에 달했을 때까지의 하중 또는 총침하량이 20mm 이하이지만 지반이 항복상태를 보인 때까지의 하중 가운데 작은 값을 기준으로 산정한 것을 단기허용지내력도로 한다.

핵심 06 **부동(등)침하** ★★★

원인과 결과		상부구조에 대한 대책	하부구조에 대한 대책
원인	① 연약층 ② 경사 지반 ③ 이질 지층 ④ 낭떠러지 ⑤ 일부 증축 ⑥ 지하수위 변경 ⑦ 터널(지하 구멍) ⑧ 이질 지정 ⑨ 일부 지정 ⑩ 메운땅 흙막이	① 건물의 경량화 ② 건물의 평면길이를 짧게 할 것 ③ 건물의 강성을 높일 것 ④ 인접 건물과의 거리를 멀게 할 것 ⑤ 건물의 중량을 균등하게 분배할 것	① 경질지반에 지지시킬 것 ② 마찰말뚝을 사용할 것 ③ 지하실을 설치할 것 ④ 전면기초(Mat Foundation)로 시공할 것 ⑤ 독립(확대)기초는 기초 상호간을 연결할 것 ⇨ 지중보 시공 ⑥ 지반개량공법으로 지반의 지지력 증대
결과	① 구조체가 기울어짐 ② 균열 발생 및 누수현상 ③ 부착된 마감재 변형			

지반개량공법 ★★☆

1. 지반개량공법의 종류

공법	적용 지반	정의 및 종류
다짐공법	사질토	① 바이브로 플로테이션(Vibro Flotation) 공법 ② 바이브로 콤포저(Vibro Composer) 공법 ③ 다짐말뚝(Sand Compaction Pile) 공법 ④ 동압밀(동다짐; Dynamic Compaction) 공법
탈수 및 배수 공법	점토질	① 샌드 드레인(Sand Drain) 공법 ② 페이퍼 드레인(Paper Drain) 공법 ③ 생석회 말뚝공법
	사질토	④ 웰 포인트(Well Point) 공법 ⑤ 깊은 우물(Deep Well) 공법
치환공법		연약토를 양질토로 대체하는 지반개량공법
그 외 공법		재하(압밀)공법, 고결(약액주입)공법, 혼합공법

2. 탈수 및 배수공법

종류		방법
웰 포인트 (Well Point) 공법		사질 지반에 대표적인 탈수공법으로 집수장치를 붙인 파이프를 지중에 관입한 다음, 관 내부를 진공화함으로써 간극수의 집수 효과를 높이는 공법
샌드 드레인 (Sand Drain) 공법	정의	점토 지반의 대표적인 탈수 공법으로 지름 40 ~ 60cm의 철관을 이용해 모래 말뚝을 형성한 후, 지표면에 성토 하중을 가하여 모래 말뚝을 통해서 수분을 탈수하는 공법
	목적	연약 점토층의 수분을 탈수시켜 지반의 경화 개량을 도모
페이퍼 드레인 (Paper Drain) 공법		점토 지반에서 모래 대신 합성수지로 된 카드 보드(Card Board)를 사용하여 탈수하는 공법
생석회 말뚝공법		지반 내에 생석회(CaO)에 의한 말뚝을 설치하여 흙을 고결화시켜 지지력의 증대와 말뚝 주변의 지반 강화를 도모하는 공법

핵심 08 · 흙막이 붕괴현상 ★☆☆

1. 종류

종류	현상
히빙 현상 (Heaving Failure)	융기현상이라고 하며, 시트 파일 등의 흙막이벽 좌측과 우측의 토압차로서 연약한 점성토 지반에서 땅파기 외측의 흙의 중량으로 인하여 땅파기된 저면이 부풀어오르는 현상
보일링 현상 (Boiling of Sand, Quick Sand)	분사현상이라고 하며, 모래질 지반에서 흙막이벽을 설치하고 기초파기할 때 흙막이벽 뒷면 수위가 높아서 지하수가 흙막이벽을 돌아 모래와 같이 솟아오르는 현상
파이핑 현상 (Piping)	흙막이벽의 부실공사로 인해 흙막이벽의 뚫린 구멍 또는 이음새를 통하여 물이 공사장 내부 바닥으로 스며드는 현상

2. 언더피닝(Underpinning) 공법

기존 건물 가까이에 신축공사를 할 때 기존 건물의 지반과 기초를 보강하는 공법이다.

핵심 09 · 흙파기 공법의 종류 ★☆☆

종류	정의
오픈 컷 공법 (Open Cut Method)	흙막이를 설치하지 않고 흙의 안식각을 고려하여 기초파기하는 공법
아일랜드 컷 공법 (Island Cut Method)	중앙부를 먼저 굴토하여 기초 또는 지하 구조물을 형성하고 이 구조물에 버팀대를 지지시킨 다음에 주변을 굴착하는 공법
트렌치 컷 공법 (Trench Cut Method)	아일랜드 공법의 역순으로 구조물 위치 전체를 동시에 파내지 않고 측벽이나 주열선 부분만을 먼저 파내고 그 부분의 기초와 지하 구조체를 축조한 다음 중앙부의 나머지 부분을 파내어 지하 구조물을 완성하는 공법

역타(Top down) **공법** ★☆☆

1. 정의

① 지하연속벽(Slurry Wall, Diaphragm Wall)에 의해 지하층 외부옹벽과 지하층 기둥을 토공에 앞서 선시공하며, 토공단계별로 토공작업과 슬래브(Slab) 등 구조물 시공을 반복하면서 위에서 아래로 지하층을 완성해 나가는 공법이다.

② 도심지 내 공사 여건이 열악하고 협소한 부분에서 사용 가능한 공법이다.

2. 장단점

장점	단점
① 소음, 진동이 적어 도심지 공사에 적합하다. ② 상하 동시 공사 진행이 가능하므로 공기 단축이 가능하다. ③ 주변 지반 및 인접 건물에 미치는 영향이 적다. ④ 기상조건에 관계없이 작업이 가능하다. ⑤ 가설공사가 불필요하다.	① 기둥, 벽 등 수직부재 이음이 곤란하다. ② 굴착 시 소형장비가 필요하다. ③ 사전 공사계획이 치밀해야 한다. ④ 지하작업 시 조명, 환기설비, 화재예방대책이 필요하다. ⑤ 공사비 상승의 우려가 있다.

기초구조의 일반사항 ★★★

기초	기둥, 벽 등의 상부구조물로부터의 하중을 지반 또는 지정에 안전하게 전달시키기 위해 설치된 건축물의 최하단부의 구조부로서, 기초판과 지정이 포함되며, 기초는 동결에 대비하여 동결선 이하가 되도록 한다.
기초판	기둥 또는 벽체에 작용하는 하중을 지중에 전달하기 위하여 기초가 펼쳐진 부분을 말한다.
지정	기초판을 안전하게 지지하기 위해 기초판을 보강하거나 지반을 견고히 다져 지내력을 보강하기 위한 지반다짐, 잡석다짐 및 말뚝박기 등을 하는 부분으로 기초판 저면 이하 부분을 말한다.
동결선 (동결심도)	① 동절기의 외기온도가 0℃ 이하가 되어 지중수분이 동결하여도 대기온도의 영향이 미치지 아니하는 깊이나 또는 깊이를 연결한 선을 말한다. ② 동결선의 깊이는 지역에 따라 다르며, 남부지방 60cm, 중부지방 90cm, 북부지방 120cm이다. ③ 동결심도를 고려하지 않은 구조물에서는 기초의 부동침하가 발생할 수 있다. ④ 기초는 반드시 해당 지방의 동결선 이하에 설치한다.

1. 기초판의 형식(얕은기초)에 의한 분류

종류	정의 및 특징
확대(독립)기초	① 기둥으로부터의 축력을 독립으로 지반 또는 지정에 전달하도록 하는 기초 ② 철근콘크리트구조에 적용
복합기초	① 2개 또는 그 이상의 기둥으로부터의 응력을 하나의 기초판을 통해 지반 또는 지정에 전달하도록 하는 기초 ② 2개 이상의 기둥이 근접해 있을 경우나 대지 경계선에 접근해서 확대기초를 만들 수 없는 경우에 사용
연속기초	벽 아래를 따라 또는 일련의 기둥을 묶어 띠모양으로 설치하는 기초의 저판에 의하여 상부 구조로부터 받는 하중을 지반에 전달하는 형식의 기초
줄기초	벽체를 지중으로 연장한 기초로서 길이 방향으로 긴 기초
전면기초	① 상부구조의 광범위한 면적 내의 응력을 단일 기초판으로 연결하여 지반 또는 지정에 전달하도록 하는 기초로, 연약한 지반에 적용 ② 전면기초는 그 강성이 충분할 때 복합기초와 동일하게 취급할 수 있고 접지압은 복합기초와 같이 산정할 수 있다.

2. 지정의 형식(깊은기초)에 의한 분류

종류	정의
말뚝기초	① 지지말뚝이나 마찰말뚝으로 상부구조의 하중을 지반에 전달하는 기초 ② 말뚝을 지중에 삽입하여 하중을 지반 속 깊은 곳의 지지층으로 전달하는 깊은기초의 대표적인 기초형식
잠함기초(케이슨기초)	공사착수 전에 지상 또는 지중(地中)에 속 빈 원통이나 지하실의 일부가 되는 구조물을 만들고, 그 밑바닥의 흙을 파내어 자중 또는 하중을 이용하여 소정의 지층(地層)까지 침하시키고 밑바닥에 콘크리트를 타설하여 설치하는 기초형식의 구조물

말뚝지정(기초)의 분류 ★★★

1. 기능상 분류

종류	정의 및 특징
지지말뚝	① 연약한 지층을 관통하여 굳은 지반이나 암반층까지 도달시켜 지지력의 대부분을 말뚝 선단의 저항으로 지지하는 말뚝 ② 말뚝 단면이 받는 하중은 말뚝의 두부와 선단이 거의 일치하며, 말뚝 저항의 중심은 말뚝 끝에 있다.
마찰말뚝	① 연약층이 깊은 점토층으로 되어 있고, 굳은 층에 지지할 수 없을 때 지지력의 대부분을 주면(柱面)의 마찰로 지지하는 말뚝 ② 말뚝의 두부가 받는 하중은 말뚝 길이에 따라 내려갈수록 점차 감소하며, 말뚝 저항의 중심은 말뚝 끝에서 1/3에 위치한다.

2. 재료상 분류

종류	정의 및 특징
나무말뚝	① 부패를 방지하기 위하여 항상 그 전장이 지하수위하에 있는 경우 또는 균해·충해에 대한 적절한 조치에 의해 내구성이 보증된 경우 이외에는 사용해서는 안 된다. ② 주로 경량건물에 적합하다.
기성 콘크리트 말뚝	① 운반, 타입 또는 매입 등에 의해 균열 또는 파손이 생기지 않는 것이어야 하고, 운반이나 말뚝박기 중 손상된 말뚝은 장외로 반출한다. ② 말뚝은 설계도서에서 별도로 정하는 바가 없는 한 이음이 없는 것으로 한다.
강재말뚝	말뚝의 현장이음은 수동 용접기 또는 반자동 용접기를 사용한 아크용접이음을 원칙으로 한다.
현장타설 (제자리) 콘크리트 말뚝	① 지반을 굴착하여 철근 등 보강재로 보강설치하고 콘크리트를 타설하여 형성하는 말뚝을 말한다. ② 기초공사 시 말뚝구멍을 굴착한 후 저면의 슬라임 제거에 유의한다. ③ 주근의 이음은 겹침이음이 원칙이다.

3. 말뚝의 배치

구분	특징
말뚝 배치	① 말뚝기초의 허용지지력은 말뚝의 지지력에 의한 것으로만 하고, 특별히 검토한 사항 이외에는 기초판 저면에 대한 지반의 지지력은 가산하지 않는 것으로 한다. ② 말뚝은 어느 때라도 기초판이 허용되는 한도 내에서는 간격을 크게 하여 박는 것이 효과적이다. ③ 말뚝의 중심간격은 최소한 말뚝지름의 2.5배 이상으로 한다. ④ 기초판 주변으로부터 말뚝중심까지의 최단거리는 말뚝직경의 1.25배 이상으로 한다. ⑤ 동일 구조물에서는 지지말뚝과 마찰말뚝을 혼용해서는 안 된다. 또한 타입말뚝, 매입말뚝 및 현장타설콘크리트말뚝의 혼용, 재종이 다른 말뚝의 사용은 가능한 한 피하여야 한다.

빈칸 채우기로 CHAPTER 마무리

❶ 표준관입시험은 점성토 지반에서는 실시하지 않는 것을 원칙으로 하며, 사질 지반의 밀도를 측정한다.
( )kg의 추를 ( )cm 높이에서 낙하시켜 ( )cm 관입시킨다.

❷ 웰 포인트(Well Point) 공법은 ( ) 지반에 대표적인 탈수공법으로, 집수장치를 붙인 파이프를 지중에 관입한 다음, 이것을 지상의 집수관에 연결하여 펌프로 지중의 물을 배수하는 공법이다.

❸ ( )은 융기현상이라고 하며, 시트 파일 등의 흙막이벽 좌측과 우측의 토압차로서 연약한 점성토 지반에서 땅파기 외측의 흙의 중량으로 인하여 땅파기된 저면이 부풀어오르는 현상이다.

❹ ( ) 공법은 중앙부를 먼저 굴토하여 기초 또는 지하 구조물을 형성하고 이 구조물에 버팀대를 지지시킨 다음에 주변을 굴착하는 공법이다.

❺ ( )기초는 기둥으로부터의 축력을 독립으로 지반 또는 지정에 전달하도록 하는 기초이다.

❻ ( )은 연약한 지층을 관통하여 굳은 지반이나 암반층까지 도달시켜 지지력의 대부분을 말뚝 선단의 저항으로 지지하는 말뚝이다.

정답
① 63.5 / 76 / 30   ② 사질   ③ 히빙 현상   ④ 아일랜드 컷   ⑤ 확대   ⑥ 지지말뚝

CHAPTER 03 철근콘크리트구조

▶ **연계학습** | 에듀윌 기본서 1차 [공동주택시설개론 上] p.103

회독체크 [1] [2] [3]

PART 1

CHAPTER 미리보기

01 철근콘크리트구조의 일반사항 ★★★
02 철근의 이음 및 정착위치 ★★☆
03 철근의 피복두께 ★★☆
04 보의 늑근(Stirrup)과 기둥의 띠철근(나선철근) 비교 ★★★
05 거푸집의 재료 ★★☆
06 거푸집의 측압 ★★☆
07 콘크리트 재료 ★☆☆
08 경화 전(굳지 않은) 콘크리트의 성질 ★★☆
09 콘크리트 압축강도 ★★☆
10 콘크리트 품질관리 및 구조물의 저하요인 ★★★
11 콘크리트의 사용성 ★★★
12 콘크리트 시공 ★★☆
13 양생(보양, Curing) ★★★
14 특수콘크리트 종류 ★★★
15 철근콘크리트 부재 ★★★

핵심 **01** **철근콘크리트구조의 일반사항** ★★★

1. 철근콘크리트구조의 성립 이유

① 단순보 중립축 상부의 축방향력인 압축력은 압축에 강한 콘크리트가, 중립축 하부의 인장력은 철근이 부담한다.

② 철근과 콘크리트 사이의 부착강도가 크며, 이 부착력이 두 재료 사이의 활동(滑動)을 방지해서 일체작용을 하도록 한다.

③ 콘크리트가 알칼리성이기 때문에 콘크리트 속에 묻힌 철근이 녹슬지 않는다.

④ 콘크리트와 강재는 열에 대한 선팽창계수(열팽창률)가 거의 같다.

⑤ 철근이 콘크리트보다 탄성계수가 크다.

⑥ 철근을 콘크리트로 피복함으로써 화재에 의한 철근의 강도저하 등의 문제를 해결하여 내화적인 구조물을 만든다.

2. 철근콘크리트의 장단점

장점	단점
① 구조물의 형상과 치수에 제약받는 일 없이 구조물을 만들 수 있다. ② 전체적으로 강성이 큰 구조를 얻을 수 있다. ③ 구조물을 경제적으로 만들 수 있다. ④ 내구성이 좋다. ⑤ 높은 강성과 질량으로 진동에 대한 저항성이 크다.	① 강재에 비하여 소요되는 재료의 중량이 크다. ② 철근콘크리트 부재의 인장 측 콘크리트에는 인장응력으로 인하여 균열이 발생한다. ③ 철근콘크리트 구조물은 완성 후에는 그 내부 결함의 유무를 검사하기가 매우 어렵다. ④ 재료에 대한 신뢰성이 떨어진다. ⑤ 환경친화적이지 못하다.

3. 철근의 가공

① 철근은 상온에서 가공하는 것을 원칙으로 한다.

② 보, 기둥, 지중보, 슬래브, 벽 및 지하외벽의 간격재를 플라스틱 제품 혹은 스테인리스 등의 내식성 금속을 사용할 경우에는 책임기술자의 승인을 얻어야 한다.

③ 전체 원형철근의 단부는 갈고리를 설치하며, 이형철근 중 늑근과 띠철근 등 예외적인 경우에는 갈고리를 설치한다.

4. KS 규격에 의한 철근의 최소강도

① SD300은 최소항복강도가 $300\text{MPa}(\text{N/mm}^2)$이다.

② 철근의 종류에는 SD300(녹색), SD400(황색), SD500(흑색) 등이 있다.

철근의 이음 및 정착위치 ★★☆

이음위치	① 철근의 이음방법은 겹침이음, 용접이음, 가스압접이음, 기계적 이음 등이 있으며, 큰 응력을 받는 곳을 피하여 이어야 한다. ② 보에서는 인장력 또는 휨모멘트가 최소가 되는 곳에서 잇는다. ③ 양단고정 또는 연속보에서 중앙에서 하부근을, 단부에서 상부근을 이음하지 않는다.
철근이음 시 고려사항	① D35를 초과하는 철근은 겹침이음을 할 수 없다(단, 서로 다른 크기의 철근을 압축부에서 겹침이음하는 경우 D35 이하의 철근과 D35를 초과하는 철근은 겹침이음을 할 수 있다). ② 서로 다른 크기의 철근(지름이 다른 철근)을 겹침이음하는 경우, 이음길이는 크기가 큰 철근의 정착길이와 크기가 작은 철근의 겹침이음길이 중 큰 값 이상이어야 한다. ③ 철근의 이음길이는 건축구조기준 및 철근 상세도에 따르며, 갈고리의 길이는 이음길이에 포함시키지 않는다. ④ 철근을 용접이음하는 경우, 용접부의 강도는 철근 설계기준 항복강도의 125% 이상을 발휘할 수 있어야 한다. ⑤ 용접철망의 이음은 서로 엇갈리게 하여 일직선상에서 모두 이어지지 않도록 하며, 이음은 최소 한 칸 이상 겹치도록 하고 겹쳐지는 부분은 결속선으로 묶어야 한다.
정착위치	① 기둥의 주근은 기초 또는 바닥판에 정착 ② 큰보의 주근은 기둥에 정착하고 작은보의 주근은 큰보에 정착 ③ 보 밑 기둥이 없을 때는 보 상호간에 정착 ④ 벽철근은 기둥, 보, 바닥판에 정착 ⑤ 바닥철근은 보 또는 벽체에 정착 ⑥ 지중보의 주근은 기초 또는 기둥에 정착
부착력에 영향을 주는 요인	① 콘크리트 강도가 크면 부착강도가 크다. ② 이형철근(마디와 리브)이 원형철근보다 부착강도가 크다. ③ 약간의 녹으로 거친 표면을 가지는 철근이 부착강도가 크다. ④ 지름이 굵은 것 하나보다 지름이 가는 여러 개를 사용하는 것이 부착강도가 크다(둘레 길이, 즉 주장이 클수록 부착력이 크다). ⑤ 철근의 피복두께가 클수록 부착강도가 크다. ⑥ 수직철근이 수평철근보다 부착강도가 크다. ⑦ 수평철근에서는 하부철근이 상부철근보다 부착강도가 크다.

철근의 피복두께 ★★☆

정의	① 콘크리트 표면과 그에 가장 가까이 배치된 철근 표면 사이의 콘크리트 두께 ② 기둥의 경우 띠철근, 보의 경우 늑근(Stirrup) 가장자리에서 콘크리트의 표면까지의 거리			
목적	① 철근의 내화성 확보 ② 철근의 부식방지(내구성) ③ 콘크리트와의 철근 부착력 확보 ④ 소요의 강도 확보 및 콘크리트 타설 시 유동성 확보			
피복두께 최솟값	**표면조건**	**부재**	**철근**	**피복두께**
	옥외의 공기나 흙에 직접 접하지 않는 콘크리트	슬래브, 벽체, 장선	D35 이하	20mm
			D35 초과	40mm
		보, 기둥	모든 철근	40mm
	흙에 접하거나 옥외공기에 직접 노출되는 콘크리트		D16 이하	40mm
			D19 이상	50mm
	흙에 접하여 콘크리트를 친 후 영구히 흙에 묻혀 있는 콘크리트			75mm
	수중에 치는 콘크리트			100mm
피복두께 결정 시 고려사항	① 콘크리트의 종류에 따라 피복두께가 달라지며, 경량콘크리트 및 제치장콘크리트의 경우 피복두께의 최솟값에 10mm를 더한다. ② 철근지름이 클수록 피복두께도 증가한다. ③ 기초에서의 피복두께는 밑창콘크리트 두께를 제외한 것으로 한다.			

보의 늑근(Stirrup)과 기둥의 띠철근(나선철근) 비교 ★★★

1. 전단보강근(늑근, 스터럽)의 형태

전단보강근 형태	① 부재축에 직각인 늑근(Stirrup) 및 용접철망 ② 나선철근, 띠철근 ③ 주인장 철근에 45° 이상의 각도로 설치되는 늑근(Stirrup) ④ 주인장 철근에 30° 이상의 각도로 구부린 굽힘철근(Bentup Bar) ⑤ 스터럽과 굽힘철근의 조합
사용목적	① 전단력에 의한 사인장 균열 방지 ② 주근 상호간의 위치 보전 및 철근 조립이 용이 ③ 피복두께 유지

2. 횡방향 보강철근(띠철근, 나선철근)의 역할 → 전단력에 저항

① 주철근 배근 시 및 콘크리트 타설 중 주근의 위치와 형태를 유지시킨다.

② 심부 콘크리트의 압축 팽창에 따른 횡방향 벌어짐을 구속하여 줌으로써, 콘크리트의 변형에 대한 저항력을 증대시킨다.

③ 축방향 철근의 좌굴을 억제하고, 피복두께의 탈락을 방지한다.

핵심 05 거푸집의 재료 ★★☆

1. 부위별 거푸집 고려하중

보, 슬래브 밑면	① 생콘크리트 중량 ② 작업하중 ③ 충격하중
벽, 기둥, 보 옆	① 생콘크리트 중량 ② 측압

2. 사용 부속품

긴결재(Form Tie)	거푸집의 형상 유지 및 측압에 의하여 벌어지는 것 방지
격리재(Separator)	거푸집의 간격 유지 및 오그라드는 것 방지
고임재 및 간격재 (Spacer)	거푸집과 철근의 밀착 방지로 피복두께 확보
박리제(Form Oil)	거푸집을 쉽게 제거하기 위해 표면에 바르는 물질

핵심 06 거푸집의 측압 ★★☆

구분		측압의 증대조건
거푸집 재료	표면	평활(매끈)할수록
	마찰계수	작을수록
	투수성(누수성)	작을수록(내수성이 클수록)
	강성	클수록
콘크리트	부재	단면이 클수록
	시멘트량	부배합일수록
	시멘트의 종류	응결시간이 느릴수록
	반죽질기	슬럼프값(반죽질기)이 클수록(W/C비가 클수록)
	양생조건	온도가 낮고, 습도가 높은 경우

CHAPTER 03 • 철근콘크리트구조 35

타설	속도	빠를수록
	높이	높을수록
철골 또는 철근량		적을수록
진동기의 사용		다짐할수록

콘크리트 재료 ★☆☆

1. 시멘트

| 분말도가 큰
시멘트 | ① 물과의 접촉면이 커지므로 수화작용이 빠르고, 시공연도가 좋다.
② 수화열(발열량)이 높지만, 건조수축에 의한 균열이 발생한다.
③ 응결이 빠르다.
④ 조기강도는 커지지만 장기강도는 저하된다. |
| 조기강도가
큰 순서 | Jet 시멘트 > 알루미나 시멘트 > 조강 포틀랜드 시멘트 > 보통 포틀랜드
시멘트 > 고로·실리카 시멘트 > 중용열 포틀랜드 시멘트 |

2. 골재

골재의 분류	잔골재	10mm 체를 전부 통과하고 5mm 체를 거의 다 통과하며, 0.08mm 체에 모두 남는 골재
	굵은골재	5mm 체에 다 남는 골재
골재 품질 유의사항		① 유해한 양의 먼지, 흙, 유기불순물, 염화물 등을 포함하지 않아야 한다. ② 소요의 내화성 및 내구성, 내마모성을 가진 것으로 한다. ③ 보통콘크리트에 사용되는 골재의 강도는 시멘트 페이스트 강도 이상이 어야 한다. ④ 실적률이 크고 입도가 좋아야 한다. ⑤ 표면이 거칠고 둥근 모양인 것이 좋다. ⑥ 콘크리트 배합 시 골재의 함수상태는 표면건조내부포수상태 또는 그것 에 가까운 상태로 사용하는 것이 바람직하다. ⑦ 동결융해작용을 받지 않는 콘크리트 구조물에 사용되는 잔골재는 내구 성(안정성)시험을 하지 않을 수 있다.

3. 혼화재료

AE제 사용 목적	① 시공연도 증진 ② 동결융해 저항성 증대 ③ 단위수(水)량 감소 ④ 내구성 및 수밀성 증대 ⑤ 재료분리 및 블리딩현상 감소 ⑥ 알칼리 골재반응 감소
콘크리트 중의 공기량 변화	① AE제의 혼입량이 증가하면 공기량은 증가하지만, 압축강도는 감소한다. ② 시멘트의 분말도가 증가하면 공기량은 감소한다. ③ 잔골재 미립분이 많으면 공기량은 증가하고, 잔골재율이 커지면 공기량은 증가한다. ④ 콘크리트의 온도가 낮아지면 공기량은 증가한다. ⑤ 컨시스턴시가 커지면, 즉 슬럼프가 커지면 공기량은 증가한다. ⑥ 진동기 사용 시 공기량은 감소한다. ⑦ 기계비빔은 손비빔보다 공기량이 증가한다.

4. 재료의 취급 및 저장

① 포대시멘트를 쌓아서 저장하면 그 질량으로 인해 하부의 시멘트가 고결할 염려가 있으므로 시멘트를 쌓아 올리는 높이는 13포대 이하로 한다. 저장기간이 길어질 우려가 있는 경우에는 7포대 이상 쌓아 올리지 않아야 한다.

② 저장 중에 약간이라도 굳은 시멘트는 공사에 사용하지 않아야 한다. 3개월 이상 장기간 저장한 시멘트는 사용하기에 앞서 재시험을 실시하여 그 품질을 확인한다.

③ 시멘트의 온도가 너무 높을 때에는 그 온도를 낮춘 다음 사용하고, 시멘트의 온도는 일반적으로 50℃ 이하에서 사용한다.

④ 잔골재 및 굵은골재에 있어 종류와 입도가 다른 골재는 각각 구분하여 따로 저장한다.

⑤ 골재의 저장설비에는 적당한 배수시설을 설치하고, 그 용량을 적절히 하여 표면수가 균일한 골재를 사용할 수 있도록 하며, 받아들인 골재는 시험한 후에 사용할 수 있도록 한다.

⑥ 혼화재는 방습적인 사일로 또는 창고 등에 종류별로 구분하여 저장하고 입하된 순서대로 사용하여야 한다.

경화 전(굳지 않은) **콘크리트의 성질** ★★☆

시공연도의 증감 요인	① 콘크리트의 배합비율에 영향을 받는다. ② 시멘트의 사용량이 많을 경우 증가한다(시공연도는 일반적으로 부배합이 빈배합보다 좋다). ③ 골재의 입형이 구형일수록, 입도가 적당할수록 증가한다. ④ 온도는 낮고 습도는 높은 경우 증가한다. ⑤ 단위수량이 많을 경우 슬럼프값이 커져서 시공연도가 증가하지만, 과다할 경우 오히려 재료분리로 시공연도가 감소한다.
물−결합재비 (물시멘트비) 가 큰 경우	① 콘크리트의 압축강도와 철근의 부착력이 감소하여 수밀성 및 내구성이 저하된다. ② 건조수축의 증가로 균열이 발생하여 크리프(Creep)가 증가한다. ③ 재료분리, 블리딩(Bleeding) 및 레이턴스(Laitance)가 증가한다.
재료분리	**주원인** 단위수량의 과다에 따른 물시멘트비 증대와 블리딩(Bleeding) 현상의 발생
	블리딩 (Bleeding) 굳지 않은 콘크리트에서 고체 재료의 침강·분리에 의해 콘크리트에서 물과 시멘트 혹은 혼화재 일부가 콘크리트 윗면으로 상승하는 현상
	레이턴스 콘크리트를 타설 후 블리딩에 의해 부유물과 함께 내부의 미세한 입자가 부상하여 콘크리트 표면에 형성되는 경화되지 않은 층

콘크리트 압축강도 ★★☆

1. 콘크리트 압축강도 결정 시 영향 요인

① 물−결합재비(물시멘트비)는 콘크리트의 강도에 영향을 미치는 가장 큰 요소이며, 물시멘트비가 낮을수록 콘크리트의 강도가 증가한다.

② 콘크리트의 강도는 시멘트의 종류에 따라서 영향을 받으며, 동일 조건에서는 시멘트의 강도가 증가하면 콘크리트의 강도도 증가하는 경향을 보인다.

③ 시공 후 경과일수(재령)에 따라 강도가 증가한다.

④ 양생온도가 높을수록 강도발현이 촉진된다.

⑤ 슬럼프값이 낮을수록 콘크리트 강도가 증가한다.

⑥ 적당한 진동다짐을 할수록 콘크리트 강도가 증가한다.

⑦ 시험용 공시체의 크기가 클수록, 재하속도가 느릴수록 강도가 감소한다.

⑧ 습윤환경보다 건조환경에서 양생된 콘크리트는 건조수축으로 인해 강도가 낮다.

⑨ 콘크리트의 공시체를 제작할 때 압축강도용 표준공시체는 $\phi 150 \times 300mm$를 기준으로 하되, $\phi 100 \times 200mm$의 공시체를 사용할 경우 강도보정계수 0.97을 사용하며, 이외의 경우 적절한 강도보정계수를 고려하여야 한다.

⑩ 콘크리트 강도시험용 시료는 하루에 1회 이상, 120m³당 1회 이상, 슬래브나 벽체의 표면적 500m²마다 1회 이상, 배합이 변경될 때마다 1회 이상 채취하여야 한다.

⑪ 1회의 시험값은 공시체 3개의 압축강도 시험값의 평균값으로 한다.

⑫ 현장 양생되는 공시체는 시험실에서 양생되는 공시체와 똑같은 시간에 동일한 시료를 사용하여 만들어야 한다.

⑬ 코어 강도의 시험 결과는 평균값이 f_{ck}의 85%를 초과하고 각각의 값이 75%를 초과하면 적합한 것으로 판정한다.

2. 압축강도 추정을 위한 비파괴시험

반발경도법 (타격법, 슈미트해머법)	콘크리트 표면 타격 시 반발경도로 강도 추정
초음파법(음속법)	초음파의 통과 속도에 의해 강도 추정
복합법	슈미트해머법과 초음파 속도법을 병행해서 강도 추정
공진법	물체의 고유진동주기를 이용하여 강도 추정
인발법	콘크리트에 미리 볼트를 매설하고 인발함으로써 강도 추정

1. 콘크리트 품질관리 및 검사항목

슬럼프 (Slump) 시험	목적	아직 굳지 않은 콘크리트의 반죽질기를 측정하여 시공연도를 판단하는 기준으로 사용되는 시험
	슬럼프값	콘크리트의 주저앉은 높이를 슬럼프판에서 측정한 후 30cm에서 뺀 수치
	슬럼프 시험방법	슬럼프콘에 체적의 1/3씩 나눠서 채우고, 다짐막대로 25회씩 다진다.
염화물 함유량		굳지 않은 콘크리트에 포함된 염소이온량으로 원칙적으로 $0.3kg/m^3$ 이하로 하여야 한다.
혼화재료의 사용량		콘크리트 제조 시 혼화제의 양은 콘크리트 용적 계산에서 무시하며, 혼화재는 고려한다.
콘크리트 현장도착 시 기타 검사사항		① 공기량 ② 콘크리트 제조시간 ③ 잔골재 품질에 따른 유동성 ④ 단위수량 ⑤ 공시체를 통한 압축강도 시험

2. 콘크리트 구조물의 저하요인

중성화	정의		① 시멘트와 물의 수화반응에 의해 생긴 수산화칼슘이 대기 중의 탄산가스(CO_2)와 반응하여, 탄산칼슘과 물로 변화하면서 알칼리성을 상실해가는 현상 ② 콘크리트의 중성화가 표면에서 내부로 전달되어 철근표면까지 진행되면 철근이 산화되어 부식이 발생한다. ③ 콘크리트의 중성화가 진행되면 콘크리트의 내구성이 저하된다.
	방지대책		① 경량골재 사용을 금하고, 피복두께를 증가시킨다. ② 습도는 높고, 온도는 낮게 유지한다. ③ 물시멘트비를 낮춘다. ④ AE제, 감수제, 유동화제 등 중성화 억제 혼화제를 사용한다.
	중성화 판정	측정용 시약	페놀프탈레인(Phenolphthalein) 용액
		중성화 측정 결과	① 홍색: 알칼리 측 ② 무색: 중성화 측
알칼리 골재반응			시멘트의 알칼리 성분과 골재 중의 실리카, 탄산염 등의 광물이 화합하여 알칼리 실리카 겔이 생성되고 이것이 팽창하여 균열, 조직붕괴 현상을 일으키는 것을 말한다.
염해			콘크리트 속의 염분이나 대기 중 염화물이온(염소이온)의 침입으로 철근이 부식되어 콘크리트 구조체에 손상을 주는 현상
동결융해			미경화 콘크리트가 0℃ 이하의 온도가 될 때 콘크리트 중의 물이 얼게 되고 외부온도가 따뜻해지면 얼었던 물이 녹는 현상
화학적 침식			콘크리트 구조체를 형성하는 재료가 상호 또는 외부환경에 의해 화학반응을 일으켜 구조체의 강도 저하 및 열화를 일으키는 현상

1. 콘크리트 구조물의 사용성 및 내구성

① 구조물 또는 부재가 사용기간 중 충분한 기능과 성능을 유지하기 위하여 사용하중을 받을 때 사용성과 내구성을 검토하여야 한다.

② 사용성 검토는 균열, 처짐, 피로영향 등을 고려하여야 한다.

③ 온도 변화, 건조수축 등에 의한 균열을 제어하기 위해 추가적인 보강철근을 배치하여야 한다.

④ 보 및 슬래브의 피로는 휨 및 전단에 대하여 검토하여야 한다.

⑤ 기둥의 피로는 검토하지 않아도 좋다(단, 휨모멘트나 축인장력의 영향이 특히 큰 경우 보에 준하여 검토하여야 한다).

2. 콘크리트 균열

(1) 균열폭에 영향을 미치는 요인

① 이형철근을 사용하면 균열폭을 최소로 할 수 있다.

② 하중으로 인한 균열의 최대 폭은 철근의 응력과 철근지름에 비례하고 철근비에 반비례한다.

③ 인장 측에 철근을 잘 배분하면 균열폭을 최소로 할 수 있다.

④ 콘크리트 표면의 균열폭은 철근에 대한 콘크리트 피복두께에 비례한다.

⑤ 균열 수보다는 폭이나 깊이가 문제되기 때문에 균열을 제한하는 가장 좋은 방법은 콘크리트의 최대인장구역에서 지름이 가는 철근을 여러 개 쓰고 이형철근만을 쓰는 것이다.

(2) 콘크리트 균열 발생의 원인

구분	요인
재료적 요인	① 알칼리 골재반응과 같은 반응성 골재로 인한 균열 ② 시멘트의 이상응결 및 팽창으로 인한 망상균열과 수화열로 인한 균열 ③ 큰 물시멘트비로 인한 건조수축 균열
시공상의 요인	① 조기재령에서의 부적절한 양생으로 인한 균열 ② 불균일한 타설 및 다짐으로 인한 균열 ③ 콜드 조인트(Cold Joint)의 형성으로 인한 균열 ④ 이어치기면의 처리 불량으로 인한 균열 ⑤ 경화 전의 진동 및 재하로 인한 균열

설계상의 요인	⑥ 철근의 휨 및 피복두께의 감소로 인한 균열 ⑦ 펌프 압송 시 수량(水量)의 증가로 인한 균열 ① 철근의 정착길이 부족으로 인한 균열 ② 응력의 집중부 및 기초의 부등침하로 인한 균열 ③ 과도한 적재하중으로 인한 균열
외부환경적 요인	① 온도 변화 및 건습(乾濕)의 반복으로 인한 균열 ② 동결융해 및 화학작용 등으로 인한 균열 ③ 콘크리트의 중성화로 인한 균열

(3) 콘크리트 균열의 종류 및 대책

① 플라스틱(소성, Plasticity) 균열

종류	정의	방지대책
소성침하균열 (塑性沈下龜裂)	㉠ 콘크리트를 타설 후 콘크리트 압밀현상에 의해 가장 먼저 나타나는 성능저하 현상 ㉡ 콘크리트 타설 시 다짐부족으로 인해 자중에 의한 압밀로 상부 주철근 방향으로 발생하는 균열 ㉢ 배근된 철근 직경이 클수록 증가	㉠ 콘크리트 타설 시 진동다짐으로 침하 방지 ㉡ 물결합재비 및 슬럼프의 최소화 ㉢ 피복두께 증가 ㉣ 거푸집 동바리의 변형 방지
소성수축균열 (塑性收縮龜裂)	㉠ 굳지 않은 콘크리트 표면의 블리딩 속도보다 표면증발속도가 빠른 경우 발생하는 표면수축으로 양생이 중요한 현상 ㉡ 높은 외기온도, 높은 풍속, 높은 콘크리트 온도 및 낮은 상대습도는 증발속도를 증가시켜서 균열이 증가	㉠ 골재 및 거푸집에 충분한 물축임 실시 ㉡ 콘크리트 타설 후 신속한 양생작업 실시 ㉢ 온도 상승 및 직사광선을 차단하는 시설, 바람막이 설치

② 건조수축균열

원인	대책
㉠ 워커빌리티에 기여한 잉여수 건조로 수축발생 ㉡ 콘크리트 경화 후 수분의 증발에 의한 체적 감소로 발생	㉠ 단위수량 및 단위시멘트량 감소 ㉡ 물시멘트비를 작게 하여 슬럼프값 감소 ㉢ 발열량 및 수화열 발생이 적은 시멘트 사용 ㉣ 조강시멘트 및 알루미나시멘트 사용을 줄이고 팽창시멘트 사용 ㉤ 경량골재의 사용을 줄이고, 흡수율이 낮은 골재 사용

③ **온도균열**
　　㉠ 콘크리트의 내·외부 온도차가 클수록 발생
　　㉡ 단면치수가 클수록 발생
④ **하중에 의한 균열**
　　㉠ 휨균열, 휨전단균열, 전단균열, 비틀림균열
　　㉡ **휨균열**: 휨모멘트에 의해 발생하는 균열로서 단면의 한쪽 부분에만 발생하는 균열
　　㉢ **전단균열**: 부재축에 경사방향으로 발생하는 균열

3. 건조수축

정의	① 콘크리트는 습기를 흡수하면 팽창하고 건조하면 수축하게 되는데, 이와 같이 습기가 증발함에 따라 콘크리트가 수축하는 현상을 건조수축이라고 한다. ② 콘크리트의 건조수축은 주로 시멘트 페이스트의 수축에 의한 것이기 때문에 시멘트 페이스트량을 가능한 한 적게 하고, 그 질을 개선하는 것이 건조수축을 감소시킬 수 있는 가장 좋은 방법이다.
건조수축을 증감시키는 원인	① 단위수량 및 단위시멘트량이 많을수록 증가 ② 건조수축의 진행속도는 초기에는 크고, 시간이 경과함에 따라 감소 ③ 수중양생인 경우 수화작용이 촉진되어 건조수축이 거의 없다. ④ 철근을 많이 사용하면 수축이 억제되어 건조수축 감소 ⑤ 부재의 변형이 구속된 라멘 등은 건조수축이 증가 ⑥ 굵은골재 최대치수가 작으면 작을수록 건조수축은 증가하지만, 골재량이 많고 입도가 좋을수록 건조수축은 감소 ⑦ 상대습도가 증가하면 건조수축은 감소하고, 고온에서는 물의 증발이 빠르므로 건조수축이 증가 ⑧ 부재의 단면치수가 작을수록 건조수축이 증가

4. 크리프(Creep)

정의	① 지속하중으로 인하여 콘크리트에 일어나는 장기변형을 말한다. ② 콘크리트에 일정한 하중이 계속 작용하면 하중이 증가하지 않아도 시간이 경과함에 따라 변형이 계속 증가하는 현상을 말한다.

크리프를 증가시키는 원인	① 재하 응력이 클수록 ② 물시멘트비가 큰 콘크리트를 사용할수록 ③ 재령이 적은 콘크리트에 재하시기가 빠를수록 ④ 양생조건에 따라서는 온도가 높고 습도가 낮을수록 ⑤ 부재의 경간길이에 비해 두께가 작을수록 ⑥ 양생(보양, Curing)이 나쁠수록 ⑦ 단위시멘트량이 많을수록 ⑧ 부재의 단면이 작을수록

핵심 12 콘크리트 시공 ★★☆

1. 콘크리트 운반

① 콘크리트는 신속하게 운반하여 즉시 타설하고, 충분히 다져야 한다. 비비기로부터 타설이 끝날 때까지의 시간은 원칙적으로 외기온도가 25℃ 이상일 때는 1.5시간(90분), 25℃ 미만일 때는 2시간(120분)을 넘어서는 안 된다. 다만, 양질의 지연제 등을 사용하여 응결을 지연시키는 등의 특별한 조치를 강구한 경우에는 콘크리트의 품질 변동이 없는 범위 내에서 책임기술자의 승인을 받아 이 시간제한을 변경할 수 있다.

② 운반 및 타설 시 콘크리트에 가수(加水)해서는 안 된다. 유동화제를 첨가하여 슬럼프를 회복시키는 경우에는 책임기술자의 검토 및 확인 후 담당원의 승인을 받는다.

③ 콘크리트 압송에 앞서 부배합의 모르타르를 압송하여 배관 내면에 윤활성을 부여해 콘크리트의 품질 변화를 방지한다.

2. 타설이음부의 이음위치

개소	이음위치 및 방법
기둥	기초판 및 바닥판 위에서 수평으로 이음
보, 슬래브	전단력이 가장 적은 스팬의 중앙 부근에서 주근과 직각방향으로 수직 이음 (작은보가 있는 바닥판의 경우: 작은보 너비의 2배 떨어진 위치에서 이음)
아치	아치축에 직각으로 이음
벽	문틀 및 끊기 좋고 이음자리 막이를 떼어내기 쉬운 곳에서 수직 또는 수평으로 이음
캔틸레버	이어치기 하지 않는 것이 원칙

3. 콘크리트 이음(Joint)의 종류

콜드 조인트 (Cold Joint)	신·구 타설 콘크리트의 경계면에 발생하기 쉬운 이어치기의 불량 부위
시공줄눈 (Construction Joint)	시공상의 여건 등에 의해 부어넣기 작업을 일시적으로 중단해야 하는 경우에 설치하는 줄눈
신축줄눈 (Expansion Joint)	구조물이 장대한 경우 수축, 팽창에 따른 변위를 흡수하기 위해 설치하는 줄눈
조절줄눈 (Control Joint)	균열을 일정한 곳에서만 일어나도록 유도하기 위해 균열이 예상되는 위치에 설치하는 줄눈
지연줄눈 (Delay Joint)	일정 부위를 남겨놓고 콘크리트를 타설한 후, 초기 수축 균열을 진행시킨 다음 최종 타설할 때 발생하는 줄눈
슬라이딩 조인트 (Sliding Joint)	슬래브나 보가 단순지지방식이고, 직각 방향에서의 하중이 예상될 때 미끄러질 수 있게 한 줄눈
슬립 조인트 (Slip Joint)	조적벽과 RC 슬래브에 설치하여 상호 자유롭게 움직이게 한 줄눈

4. 콘크리트 타설 시 고려사항

① 타설한 콘크리트를 거푸집 안에서 횡방향으로 이동시켜서는 안 된다.

② 한 구획 내의 콘크리트는 타설이 완료될 때까지 연속해서 타설하여야 하며, 콘크리트는 그 표면이 한 구획 내에서는 거의 수평이 되도록 타설하는 것을 원칙으로 한다.

③ 콘크리트를 2층 이상으로 나누어 타설할 경우, 상층의 콘크리트 타설은 원칙적으로 하층의 콘크리트가 굳기 시작하기 전에 해야 하며, 상층과 하층이 일체가 되도록 시공한다. 또한, 콜드 조인트가 발생하지 않도록 하나의 시공구획의 면적, 콘크리트의 공급능력, 이어치기 허용시간간격 등을 정하여야 한다. 이어치기 허용시간간격은 [아래 표]를 표준으로 한다.

외기온도	25℃ 초과	25℃ 이하
허용 이어치기 시간간격	2.0시간(120분)	2.5시간(150분)

❍ 허용 이어치기 시간간격은 하층 콘크리트 비비기 시작에서부터 콘크리트 타설 완료한 후 상층 콘크리트가 타설되기까지의 시간

④ 콘크리트 타설 도중 표면에 떠올라 고인 블리딩수가 있을 경우에는 적당한 방법으로 이 물을 제거한 후 타설하여야 하며, 고인 물을 제거하기 위하여 콘크리트 표면에 홈을 만들어 흐르게 해서는 안 된다.

⑤ 낮은 곳에서 높은 곳, 즉 '기초 ⇨ 기둥 ⇨ 벽 ⇨ 계단 ⇨ 보 ⇨ 바닥판'의 순서로 부어 나간다.

⑥ 기둥을 포함하는 벽에서 기둥부 위로 부어넣어 콘크리트를 옆으로 흘려보내서는 안 된다.

⑦ 기둥은 한번에 부어넣지 않으며, 하부 측은 묽은비빔으로 하고, 상부 측은 된비빔이 되도록 부어넣는다.

⑧ 벽과 보는 양단에서 중앙부로 부어넣으며, 타설한 콘크리트를 거푸집 안에서 횡방향으로 이동시켜서는 안 된다.

⑨ VH(Vertical Horizontal) 분리타설은 수직부재를 먼저 타설하고 수평부재를 나중에 타설하는 공법이다.

양생(보양, Curing) ★★★

정의	① 양생은 부어넣은 콘크리트의 수화작용을 충분히 발휘시킴과 동시에 건조 및 외력에 의한 균열 발생을 방지하고, 오염·변형·파괴 등으로부터 보호하는 것으로, '보양'이라고도 한다. ② 콘크리트는 타설이 끝난 직후로부터 시멘트의 수화 및 콘크리트의 경화가 충분히 진행하기까지 급격한 건조, 급격한 온도 변화, 진동 및 외력의 나쁜 영향을 받지 않도록 양생하여야 한다.
습윤양생 시 주의사항	① 콘크리트는 타설한 후 경화될 때까지 양생기간 동안 직사광선이나 바람에 의해 수분이 증발하지 않도록 보호하여야 한다. ② 콘크리트를 부어넣은 후 1일간은 원칙적으로 그 위를 보행하거나 공사기구 및 기타 중량물을 올려놓아서는 안 된다.

특수콘크리트 종류 ★★★

1. 한중(寒中) 콘크리트

정의	하루 평균기온이 4℃ 이하가 예상되는 조건에서 콘크리트의 응결반응이 늦어져 동결의 우려가 있을 때 사용하는 콘크리트
특징	① 재료를 가열하는 경우 물 또는 골재를 가열하는 것을 원칙으로 하며, 시멘트는 어떤 경우라도 직접 가열해서는 안 된다. 골재의 가열은 온도가 균등하게 되고 또 건조되지 않는 방법을 적용해야 한다. ② 물-결합재비는 원칙적으로 60% 이하로 하고, 단위수량은 콘크리트의 소요성능이 얻어지는 범위 내에서 될 수 있는 한 적게 하며, 공기연행콘크리트를 사용하는 것을 원칙으로 한다. ③ 골재가 동결되어 있거나 골재에 빙설이 혼입되어 있는 골재는 그대로 사용할 수 없다. ④ 지반의 동결 및 지반의 융해에 의하여 변위를 일으키지 않도록 지반의 동결을 방지하는 공법으로 시공되어야 한다. ⑤ 콘크리트는 타설 후 초기에 동결하지 않도록 잘 보호하여야 하고, 특히 구조물의 모서리나 가장자리의 부분은 보온하기 어려운 곳이어서 초기동해를 받기 쉬우므로 초기양생에 주의한다.

2. 프리스트레스트 콘크리트(PSC; Prestressed Concrete)

정의	콘크리트의 인장응력이 생기는 부분에 PS강재를 긴장시켜 미리 콘크리트에 압축력을 주어 인장강도를 증가시켜 휨저항을 크게 한 콘크리트
특징	① 긴 스팬구조가 용이하므로 보다 넓은 공간설계가 가능하다. ② 고강도콘크리트 사용으로 부재단면의 축소가 가능하여 구조물의 자중이 경감된다. ③ 내구성 및 복원성이 크고, 공기단축이 가능하다. ④ 하중이 큰 용도의 구조물에 대응하기가 용이하다. ⑤ 화재 시에 위험도가 높다. ⑥ 공사가 복잡하고, 고도의 품질관리가 요구된다.

3. 레디믹스트 콘크리트(Ready Mixed Concrete)

슈링크믹스트 콘크리트 (Shrink – Mixed Concrete)	믹싱 플랜트 고정믹서에서 어느 정도 비빈 것을 트럭믹서에 실어 운반 도중 완전히 비비는 것	믹서에서 반비빔 ⇨ 운반 도중 반비빔
센트럴믹스트 콘크리트 (Central – Mixed Concrete)	믹싱 플랜트 고정믹서로 비빔이 완료된 것을 트럭에지테이터로 운반하는 것	믹서 비빔 완료 ⇨ 트럭교반 ⇨ 현장운반
트랜시트믹스트 콘크리트 (Transit – Mixed Concrete)	트럭믹서에 모든 재료가 공급되어 운반 도중에 비벼지는 것	트럭믹서에 재료 공급 ⇨ 운반 중 완전비빔

4. 기타 특수 콘크리트

서중 콘크리트	하루 평균기온이 25℃를 초과하는 경우에 사용하는 콘크리트
공기연행(AE) 콘크리트	AE제의 사용으로 콘크리트에 미세한 기포를 발생시켜 시공연도를 좋게 한 콘크리트
프리팩트 콘크리트	거푸집에 미리 채워 넣은 굵은골재 사이로 모르타르를 관을 통하여 주입하는 콘크리트로 지수벽, 수중콘크리트, 보수공사, 기초파일 등에 사용
수밀 콘크리트	물-결합재비를 50% 이하로 하며 수압이 구조체에 직접적인 영향을 미치는 구조물에서 방수, 방습 등을 목적으로 만들어진 흡수성과 투수성이 작은 콘크리트
중량 콘크리트 (차폐용 콘크리트)	비중이 큰 골재를 사용하며 주로 방사선 차폐용으로 사용하는 콘크리트

매스(Mass) 콘크리트	콘크리트 단면이 80cm 이상으로 콘크리트 내부 최고온도와 외부 기온차가 25℃ 이상으로 예상되는 콘크리트
노출 콘크리트 (제치장 콘크리트)	콘크리트 면에 미장 등을 하지 않고 직접 노출시켜 마무리한 콘크리트로, 공사내용을 단일화하여 경제적인 건물을 만드는 것이 목적
유동화(流動化) 콘크리트	① 비비기를 완료한 베이스(Base) 콘크리트에 유동화제를 첨가하여 유동성을 일시적으로 증대시킨 콘크리트 ② 배치플랜트에서 트럭교반기의 베이스 콘크리트에 유동화제를 첨가하여 저속으로 교반하면서 운반하고, 공사현장 도착 후에 고속으로 교반하여 유동화시킨다. ③ 유동화 콘크리트의 재유동화는 원칙적으로 할 수 없다. 부득이한 경우 책임기술자의 승인을 받아 1회에 한하여 재유동화할 수 있다. ④ 유동화제는 원액 또는 분말로 사용하고, 미리 정한 소정의 양을 한꺼번에 첨가한다.
고유동 콘크리트	재료분리에 대한 저항성을 유지하면서 유동성을 현저하게 높여 밀실한 충전이 가능한 콘크리트
고강도 콘크리트	① 고강도 콘크리트의 설계기준 압축강도는 보통 또는 중량골재 콘크리트에서 40MPa 이상으로 하며, 경량골재 콘크리트는 27MPa 이상으로 한다. ② 압축강도 50MPa 이상의 고강도 콘크리트는 내구성은 우수하지만 내화성이 불리하다.

철근콘크리트 부재 ★★★

1. 기둥

① 비합성 압축부재의 축방향 주철근 단면적은 전체 단면적(A_g)의 0.01배 이상, 0.08배 이하로 하여야 한다. 축방향 주철근이 겹침이음되는 경우의 철근비는 0.04를 초과하지 않도록 하여야 한다.

② 축방향 주철근의 기둥은 휨내력 성능을 향상시킬 목적으로 설치한다.

③ 압축부재의 축방향 주철근의 최소 개수는 사각형이나 원형 띠철근으로 둘러싸인 경우 4개, 삼각형 띠철근으로 둘러싸인 경우 3개, 나선철근으로 둘러싸인 철근의 경우 6개로 하여야 한다.

④ 나선철근 또는 띠철근은 횡방향 벌어짐을 구속하는 효과가 있고, 축방향 철근의 좌굴을 억제하는 역할을 한다.

2. 공동주택 각 세대 간의 경계벽 두께

① 내력벽은 자중과 더불어 상부층의 연직하중을 지지하는 구조적인 기능을 가진 벽체이다.

② 내력벽의 철근배근 간격은 벽두께의 3배 이하, 또한 450mm 이하로 하여야 한다.

③ 공동주택 각 세대 간의 경계벽 두께는 철근콘크리트조 또는 철골철근콘크리트조인 경우 150mm 이상이다.

3. 슬래브

종류	산정식	개념	철근배근
1방향 슬래브	$\lambda = \dfrac{장변}{단변} > 2$	장변 경간이 단변 경간의 2배 초과인 4변이 지지된 직사각형 슬래브로서, 슬래브 하중 90% 이상이 단변 방향인 1방향으로 전달	① **주근**: 단변 방향 배근 ② **수축온도철근**: 장변 방향 배근
2방향 슬래브	$\lambda = \dfrac{장변}{단변} \leq 2$	장변 경간이 단변 경간의 2배 이하인 4변이 지지된 직사각형 슬래브로서, 하중이 장·단변 2방향으로 전달	① **정방형인 경우**: 주근을 2방향으로 일정하게 직교 배치 ② **직사각형인 경우**: 장변 방향보다 단변 방향에 더 많은 양의 주근을 배치

4. 옹벽

(1) 종류

중력식 옹벽	자중에 의해 토압을 견디는 구조로, 주로 무근콘크리트를 사용
캔틸레버식 옹벽	① 벽체에 널말뚝이나 부벽이 연결되어 있지 않고 저판 및 벽체만으로 토압을 받도록 설계된 철근콘크리트 옹벽 ② 역T형 및 L형태를 만드는 경우 가장 많이 이용
부축벽식 옹벽	① 캔틸레버식 옹벽에 일정한 간격으로 부축벽을 설치하여 보강한 방법 ② 7.5m 이상 높이의 토압이 큰 부분에 사용하는 옹벽

(2) 설계 시 안정조건

전도 (Overturning)	옹벽의 전도에 대한 저항 휨모멘트는 횡토압에 의한 전도 휨모멘트의 2배 이상
활동 (Sliding)	① 옹벽의 활동에 대한 저항력은 옹벽에 작용하는 수평력의 1.5배 이상 ② 활동방지벽(전단키, Shear Key)은 옹벽의 활동을 일으키는 수평하중에 충분히 저항할 만큼 큰 수동토압을 일으키기 위해 저판 아래에 만드는 벽체
침하	지반에 작용하는 최대하중이 지반의 허용지지력 이하가 되도록 설계

5. 기초

① 기초판의 크기와 말뚝의 개수를 결정하는 하중은 사용하중이다.

② 철근콘크리트 독립(확대)기초의 기초판 크기(면적) 결정에 큰 영향을 미치는 것은 허용지내력이다.

③ 기초가 전단력에 저항하기 위해서는 콘크리트 기초판의 두께를 늘리는 것이 경제적이고, 휨모멘트에 저항하기 위해서는 철근으로 보강하는 것이 경제적이다.

④ 기초판 윗면에서부터 하부 철근까지의 깊이는 흙에 놓이는 기초의 경우는 150mm 이상, 말뚝기초의 경우는 300mm 이상으로 하여야 한다.

⑤ 2방향 직사각형 기초판의 경우 장변방향의 철근은 단변 폭 전체에 균등하게 배근하고, 단변방향의 철근은 유효 폭 내에 균등하게 배치한 후, 나머지 철근량을 유효 폭 이외의 부분에 균등하게 배근한다.

⑥ 독립(확대)기초판의 주근은 주로 휨인장응력을 받는 하단에 배근되며, 독립기초에 배근하는 주철근은 부철근보다 아래쪽에 설치되어야 한다.

⑦ 먼저 타설하는 기초와 나중 타설하는 기둥을 연결하는 데 사용하는 철근은 장부철근(Dowel Bar)이다.

빈칸 채우기로 CHAPTER 마무리

❶ 철근콘크리트구조의 성립 이유는 철근과 콘크리트 사이의 부착강도가 (   ), 이 부착력이 두 재료 사이의 활동(滑動)을 방지해서 일체작용을 하도록 하기 때문이다.

❷ (   )를 초과하는 철근은 겹침이음을 할 수 없다.

❸ AE제의 혼입량이 증가하면 공기량은 (   )하지만, 압축강도는 (   )한다.

❹ 물−결합재비(물시멘트비)가 큰 경우 콘크리트의 압축강도와 철근의 부착력이 (   )하여 수밀성 및 내구성이 (   )된다.

❺ 슬럼프값이 낮을수록 콘크리트 강도가 (   )한다.

❻ 콘크리트 강도시험용 시료는 하루에 1회 이상, (   )m³당 1회 이상, 슬래브나 벽체의 표면적 (   )m²마다 1회 이상, 배합이 변경될 때마다 1회 이상 채취하여야 한다.

❼ 하중으로 인한 균열의 최대 폭은 철근의 응력과 철근지름에 (   )하고 철근비에 (   )한다.

❽ (   )은 굳지 않은 콘크리트 표면의 블리딩 속도보다 표면증발속도가 빠른 경우 발생되는 표면수축으로 양생이 중요한 현상이다.

❾ 건조수축의 진행속도는 초기에는 (   ), 시간이 경과함에 따라 (   )한다.

❿ 한중 콘크리트는 하루 평균기온이 (   )℃ 이하가 예상되는 조건에서 콘크리트의 응결반응이 늦어져 동결의 우려가 있을 때 사용하는 콘크리트이다.

⓫ 서중 콘크리트는 하루 평균기온이 (   )℃를 초과하는 경우에 사용하는 콘크리트이다.

⓬ 압축부재의 축방향 주철근의 최소 개수는 사각형이나 원형 띠철근으로 둘러싸인 경우 (   )개, 삼각형 띠철근으로 둘러싸인 경우 (   )개, 나선철근으로 둘러싸인 철근의 경우 (   )개로 하여야 한다.

⓭ 독립기초에 배근하는 주철근은 부철근보다 (   )쪽에 설치되어야 한다.

정답

① 크며   ② D35   ③ 증가 / 감소   ④ 감소 / 저하   ⑤ 증가   ⑥ 120 / 500   ⑦ 비례 / 반비례
⑧ 소성수축균열   ⑨ 크고 / 감소   ⑩ 4   ⑪ 25   ⑫ 4 / 3 / 6   ⑬ 아래

04 강구조

▶ **연계학습** | 에듀윌 기본서 1차 [공동주택시설개론 上] p.209　　　　　　　　　　　회독체크 1 2 3

CHAPTER 미리보기

01 강구조의 장단점 ★★★

02 용어정리 ★★★

03 강재의 분류 ★★☆

04 녹막이 도장작업(방청도료) ★★☆

05 접합부 설계 시 고려사항 ★★★

06 고장력볼트(고력볼트)접합 ★★★

07 용접접합 ★★☆

08 강재보 ★★☆

09 슬래브 ★★☆

10 내화피복공법 ★★☆

핵심 01　강구조의 장단점 ★★★

장점	단점
① 내진 및 내풍적이고, 인성이 커서 변위에도 잘 견된다.	① 비내화적이어서 내화피복을 해야 한다.
② 다른 구조재료에 비해 자체 중량이 가볍다.	② 부식 발생으로 녹막이처리가 필요하다.
③ 철거 시 폐기량이 적으며 재료의 재사용이 가능하다.	③ 부재가 세장(細長)하므로 좌굴이 발생하기 쉽다.
④ 경간(Span) 사이가 큰 구조 및 고층건물에 적합하다.	④ 용접 외에는 접합점의 일체화가 어렵다.
⑤ 건물의 균질도가 높다.	⑤ 처짐 및 진동을 고려해야 한다.

용어정리 ★★★

탄소(C)	탄소량이 증가하면 항복점·인장강도·경도·취성은 증가하나, 연성·인성·용접성은 떨어진다.
턴버클 (Turn Buckle)	① 지지대나 지지 와이어로프 등의 길이를 조절하기 위한 기구이다. ② 철골구조의 절점 간을 대각선으로 연결하는 부재인 가새(Brace)에 사용하여 수평력에 저항하는 역할을 한다.
밀시트 (Mill Sheet)	강재 납입 시에 첨부하는 품질보증서로 제조번호, 강재번호, 화학성분, 기계적 성질 등이 기록되어 있으며, 정식 영문 명칭은 Mill Sheet Certificate 이다.
스캘럽(Scallop)	용접선이 교차할 경우, 이를 피하기 위하여 오목하게 파 놓은 것이다.
담금질	강을 가열한 후 급랭하여 강도와 경도를 향상시키는 열처리 작업이다.
TMCP강재	극후판의 용접성과 내진성을 개선한 제어열처리강이다.

핵심 03 **강재의 분류** ★★☆

강재의 재질 규격	① SS(Steel Structure): 일반구조용 압연강재 ② SM(Steel Marine): 용접구조용 압연강재 ③ SN(Steel New): 건축구조용 압연강재 ④ SMA(Steel Marine Atmosphere): 용접구조용 내후성 열간압연강재 ⑤ SRT(Steel Pipe Structure Rectangle): 일반구조용 각형 강관 ⑥ SSC(Steel Structure Coldforming): 일반구조용 경량 형강
SM275 기호의 의미	① 첫 번째 문자 S는 강재(Steel) ② 두 번째 문자는 제품의 용도 및 강종 ③ 숫자는 최저항복강도(N/mm^2, MPa) 표시 ④ 판두께 16mm 이하인 경우 SM275의 항복강도는 275MPa이다. ⑤ 판두께 16mm 초과, 40mm 이하인 경우 SM275의 항복강도는 265MPa이다.
H형강 및 I형강	① H형강 및 I형강은 주로 기둥과 보 등의 구조용으로 사용 ② H형강은 가장 널리 쓰이는 형강으로서, 단면의 치수표시법은 '$H - H$(단면의 춤) $\times B$(플랜지의 폭) $\times t_1$(웨브의 두께) $\times t_2$(플랜지의 두께)'로 표시(단위: mm)

녹막이 도장작업(방청도료) ★★☆

일반사항	① 철재 바탕일 경우, 도장 도료 견본 크기는 300 × 300mm ② 도료의 배합비율 및 시너의 희석비율은 질량비로서 표시 ③ 볼트는 형상에 요철이 많고 부식이 쉬우므로 도장하기 전에 방식대책을 수립
녹막이 도장을 하면 안 되는 환경조건	① 도장하는 장소의 기온이 낮거나 습도가 높고, 환기가 충분하지 못하여 도장건조가 부적당할 때 (KCS 14 31 40) ② 도장작업 장소의 기온이 5℃ 이하일 때 (KCS 41 31 30) ③ 도장작업 장소의 상대습도가 80% 이상일 때 (KCS 41 31 30) ④ 기온이 높아 강재 표면온도가 50℃ 이상이 되어 기포가 생길 우려가 있을 때 (KCS 41 31 30) ⑤ 눈 또는 비가 올 때 및 안개가 끼었을 때 (KCS 14 31 40) ⑥ 강설우, 강풍, 지나친 통풍, 도장할 장소의 더러움 등으로 인하여 물방울, 들뜨기, 흙먼지 등이 도막에 부착되기 쉬울 때 (KCS 14 31 40) ⑦ 주위의 다른 작업으로 인해 도장작업에 지장이 있거나 도막이 손상될 우려가 있을 때 (KCS 14 31 40) ⑧ 도장작업 시 도막건조 전에 눈, 비, 강풍, 결로 등에 의해 수분이나 분진 등이 도막에 부착될 우려가 있는 경우 (KCS 41 31 30)
녹막이 도장을 하지 않는 부분	① 마감된 금속표면(별도의 지시가 없으면 도금된 표면, 스테인리스강, 크롬판, 동, 주석 또는 이와 같은 금속으로 마감된 재료는 도장하지 않는다) (KCS 14 31 40) ② 움직이는 품목(운전부품, 기계 및 전기부품의 밸브, 댐퍼 동작기, 감지기 모터 및 송풍기 샤프트) 및 라벨 (KCS 14 31 40) ③ 고장력볼트 접합부의 마찰면 ④ 현장용접하는 부위 및 초음파 탐상검사에 지장을 미치는 범위 ⑤ 콘크리트에 밀착되거나 매입되는 부분 ⑥ 조립에 의하여 맞닿는 면 ⑦ 폐쇄형 단면을 한 부재의 밀폐된 면 ⑧ 핀, 롤러 등에 밀착되는 부분과 회전면 등 절삭 가공한 부분 (KCS 41 31 30)

핵심 05 　**접합부 설계 시 고려사항** ★★★

① 압축재 접합부에 볼트를 사용하는 경우 볼트 구멍의 단면결손은 무시할 수 있으며, 볼트의 지압파괴는 전단접합에서 발생하는 파괴의 일종이다.

② 주요한 부재의 접합부에는 부재의 존재응력이 낮은 값이라도 현장조립 시의 임시볼트로 사용하거나 볼트의 파단으로 인한 부재 전체의 붕괴를 방지하기 위하여 볼트 및 고장력볼트로 접합하는 경우에는 1개의 볼트만을 사용하지 않고 반드시 2개 이상의 볼트로 접합하도록 설계해야 한다.

③ 모든 접합부는 존재응력과 상관없이 반드시 45kN 이상 지지하도록 설계해야 한다.

④ 접합부는 부재에 발생하는 응력이 완전히 전달되도록 하고 이음은 가능한 응력이 작게 되도록 한다.

핵심 06 　**고장력볼트**(고력볼트)**접합** ★★★

1. 용어정리

게이지 라인 (Gauge Line)	볼트의 중심선을 연결하는 선
게이지(Gauge)	게이지 라인과 게이지 라인 간의 거리
클리어런스 (Clearance)	볼트와 수직재면과의 거리(작업 시 필요한 여유)
피치(Pitch)	볼트 중심 사이의 간격으로, 최소 피치는 2.5d 이상
연단거리	볼트 구멍에서 부재 끝단까지의 거리
그립(Grip)	볼트로 접합하는 판재의 총두께

2. 특징

정의	고장력볼트접합은 고장력볼트를 강력히 조여서 얻어지는 원응력을 응력전달에 이용하여 접합재 간의 마찰저항(Friction)에 의해 힘이 전달되는 시스템이다.
구조적 장점	① 강한 조임력으로 너트의 풀림이 생기지 않는다. ② 응력방향이 바뀌더라도 혼란이 일어나지 않는다. ③ 응력집중이 적으므로 반복응력에 대해서 강하다. ④ 고장력볼트의 전단 및 판에 지압응력이 거의 생기지 않는다. ⑤ 유효단면적당 응력이 작으며, 피로강도가 높다.
시공 시 주의사항	① 고장력볼트의 조임은 표준볼트장력을 얻을 수 있도록 1차조임(약 80%), 금매김, 본조임의 순으로 하며, 고장력볼트의 끼움에서 본조임까지의 작업은 같은 날 이루어지는 것이 원칙이다. ② 모든 볼트머리와 너트 밑에 각각 와셔 1개씩 끼우고, 너트를 회전시켜서 조인다. 다만 토크-전단형(T/S) 고장력볼트는 너트 측에만 1개의 와셔를 사용한다. ③ 세트를 구성하는 와셔 및 너트에는 바깥쪽과 안쪽이 있으므로 볼트접합부에 사용할 때에는 너트의 표시 기호가 있는 쪽이 바깥쪽이고, 와셔는 면치기가 있는 쪽이 바깥쪽이므로 반대로 사용하지 않도록 주의한다. ④ 볼트의 조임 및 검사에 사용되는 기기 중 토크렌치와 축력계의 정밀도는 ±3% 오차범위 이내가 되도록 충분히 정비된 것을 이용한다. ⑤ 볼트의 끼움에서 본조임까지의 작업은 같은 날 이루어지는 것을 원칙으로 한다. ⑥ 볼트의 조임은 설계볼트장력에 10%를 증가시켜 표준볼트장력을 얻을 수 있도록 한다. ⑦ 본조임은 토크관리법에 의해 표준볼트장력을 얻을 수 있도록 조정된 조임 기기를 이용하여야 한다. 조임기기의 조정은 매일 조임작업 전에 하는 것을 원칙으로 한다. ⑧ 한번 사용한 볼트는 재사용할 수 없다. ⑨ 조임기기는 임팩트 렌치와 토크 렌치를 사용한다. ⑩ 볼트조임 후 검사방법에는 토크관리법, 너트회전법, 조합법 등이 있다.
조임 순서	① 볼트의 조임은 1차 조임과 본조임으로 나누어서 시행한다. ② 1차 조임 및 본조임은 접합부 볼트군(群)마다 볼트를 삽입한 후 이음의 중앙부에서 판 단부 쪽으로 조임해 간다. ③ 현장조임은 1차 조임, 마킹, 2차 조임(본조임), 육안검사의 순으로 한다. ④ 현장시공 시 각 볼트군에 대한 볼트 수의 10% 이상, 최소 1개 이상에 대해 조임검사를 실시하고, 조임력이 부적합할 때에는 반드시 보정해야 한다.

핵심 07 용접접합 ★★☆

1. 특징

장점	① 공해(소음, 진동)의 발생이 적다. ② 구멍에 의한 부재단면의 결손이 적어 강재량이 절약된다. ③ 접합이 용이하며 접합두께에 제한이 없다. ④ 응력전달이 확실하여 강성확보가 용이하다.
단점	① 기능공의 시공기술 및 용접 자세에 따라 접합강도의 차이가 발생한다. ② 용접접합부의 검사가 어렵고 고도의 기술을 필요로 한다. ③ 용접결함의 발견이 곤란하다. ④ 용접열에 의하여 부재의 변형이 생기기 쉽다.
용접 시 주의사항	① 용접자세는 가능한 한 회전지그(고정기구, Rotary Welding Jig)를 이용하여 아래보기 또는 수평자세로 한다. ② 아크 발생은 필히 용접부 내에서 일어나도록 해야 한다. ③ 그루브(맞댐)용접되는 부재의 판 두께가 다를 경우에는 용접 표면이 얇은 판쪽부터 두꺼운 판쪽으로 원활하게 기울기를 주어 용접한다. ④ 모든 용접은 전 길이에 대해 육안검사를 수행한다. ⑤ 기온이 −5℃ 이하의 경우, 용접해서는 안 된다. (KCS 41 31 45) ⑥ 기온이 −5~5℃인 경우, 접합부로부터 100mm 범위의 모재부분을 정해진 예열온도까지 가열하고 용접한다. (KCS 41 31 45)

2. 용접용어

그루브 (Groove)	개선이라고도 하며, 용접에서 두 부재 간 사이를 트이게 한 홈에 용착금속을 채워넣는 부분
위빙 (Weaving)	용접방향과 직각으로 용접봉 끝을 움직여 용착너비를 증가시켜 용접 층수를 작게 하여 효과적으로 운행하는 방법
위핑 (Weeping)	용접작업 중에 용접봉을 용접하는 방향에 대하여 가로로 왔다갔다 움직여 용착금속을 녹여 붙이는 것
뒷댐재 (Back Strip)	용접에서 부재의 밑에 대는 금속판
엔드탭 (End Tab)	용접선의 단부에 붙인 보조판으로, 아크의 시작부나 종단부의 크레이터 등의 결함 방지를 위해 사용하고 그 판은 제거함

3. 용접결함

언더컷 (Under Cut)	용접 상부에 모재가 녹아 용착금속이 채워지지 않고 홈으로 남게 된 부분
오버랩 (Over Lap)	용접금속과 모재가 융합되지 않고 단순히 겹쳐지는 것
슬래그(Slag) 함입	용접봉의 피복재 용해물인 회분(slag)이 용착금속 내에 혼입되는 것
공기구멍 (Blow Hole)	용융금속이 응고할 때 방출가스가 남아서 생긴 기포나 작은 틈
피시아이 (Fish Eye)	슬래그 함입 및 공기구멍의 겹침현상으로, 생선눈알 모양의 은색반점이 형성되는 현상
크레이터(Crater)	용접길이 끝부분에 오목하게 파진 부분

4. 용접이음 형식

(1) 그루브용접(맞댐용접, Groove Welding)

일반사항	그루브용접은 용접이 양호하게 되도록 한쪽, 또는 양쪽 부재의 끝단면을 비스듬히 절단하여 용접하는 방법
유효면적	① 그루브용접(맞댐용접)의 유효면적(A)은 용접의 유효길이(ℓ)에 유효목두께(a)를 곱한 값 ② 그루브용접(맞댐용접)의 유효길이(ℓ)는 접합되는 부재의 폭 ③ 완전용입된 그루브용접(맞댐용접)의 유효목두께(a)는 접합판 중 얇은 쪽의 판두께

(2) 필릿용접(모살용접, Fillet Welding)

일반사항	필릿용접(모살용접)은 두 접합재의 면을 가공하지 않고 직각으로 맞추어 겹쳐지는 모서리 부분을 용접하는 방법
유효면적	① 필릿용접의 유효면적(A)은 유효길이(ℓ)에 유효목두께(a)를 곱한 값 ② 필릿용접의 유효길이(ℓ)는 필릿용접의 총길이(L)에서 2배의 필릿사이즈(s)를 공제한 값 ③ 필릿용접의 유효목두께(a)는 용접치수의 0.7배로 한다.

5. 용접부 검사

내부결함 검출	① 방사선투과시험(Radiograph Test)
	② 초음파탐상시험(Ultra-Sonic Flaw Detection Test)
표면결함 검출	① 방사선투과
	② 자분탐상시험(Magnetic Particle Test)
	③ 침투탐상시험(Penetrant Test)
초음파 탐상법	① 소모품이 적게 든다.
	② T형 이음의 검사가 가능하다.
	③ 장치가 가볍고 기동성이 좋다.
	④ 복잡한 형상의 검사가 어려운 단점이 있다.

핵심 08 강재보 ★★☆

판보 (Plate Girder)	① 강판으로 조립한 H형강으로서, 휨모멘트와 전단력이 커서 압연형강으로 내력 및 처짐을 만족시키기 힘들 때 사용하는 조립보
	② 플랜지는 휨모멘트에 저항하며, 커버플레이트(최대 4장 이하)로 보강
	③ 웨브의 전단에 대한 저항은 스티프너로 보강
하이브리드 보 (Hybrid Beam)	고강도 플랜지와 저강도 웨브의 재질을 다르게 하여 조립시켜 휨 성능을 높인 조립보
허니콤 보 (Honeycomb Beam)	① 보 춤을 높이기 위해 압연형강의 웨브를 지그재그로 절단하여 돌출부끼리 용접접합한, 6각형의 구멍이 규칙적으로 뚫린 보
	② 허니콤 보의 중공부는 설비덕트를 위한 공간으로 사용 가능
	③ 춤을 높임으로써 처짐에 대해 경제적 단면이 됨

슬래브 ★★☆

1. 특징

① 강구조물의 슬래브는 보 위에 조립한 바닥재(데크플레이트)를 설치하고 콘크리트로 타설한다.

② 데크플레이트(Deck Plate)는 얇은 강판에 적당한 간격으로 골을 내어 요철 가공한 것으로 철골구조 슬래브에 사용된다.

③ 콘크리트 슬래브와 데크플레이트 사이의 합성작용을 확보하기 위해서 데크플레이트는 콘크리트와의 접합면에 발생하는 수평전단력을 전달할 수 있어야 하므로, 시어커넥터(Shear Connector)에 의하여 일체가 되어서 전단력에 저항한다.

2. 시어커넥터(강재앵커, Shear Connector)

① 합성슬래브에서 콘크리트 부재의 하단은 인장을 받아 늘어나려 하고, 동시에 강재 부재의 상단은 압축을 받아 줄어들려 하기 때문에 두 부재의 사이에 수평으로 작용하는 수평전단력이 발생한다. 이 수평전단력에 저항하는 것이 시어커넥터이다.

② 연직하중에 대해서는 보통 콘크리트 부분이 압축력을, 강재부분이 인장력을 분담하여 경제적인 구조가 된다.

내화피복공법 ★★☆

1. 내화피복(耐火被覆)의 정의

① 강구조의 기둥·보 등을 내화구조로 하기 위해 표면을 필요한 내화성능을 가진 재료로 감싸는 것을 말한다.

② 강구조용 강재는 온도가 $500 \sim 600℃$이면 응력이 50% 저하되고 $800℃$ 이상이면 응력이 0에 가깝게 되므로, 내화피복 시공 시 철저한 품질관리가 요구된다.

2. 내화구조의 성능기준

(단위: 시간)

용도			벽						보·기둥	바닥	지붕·지붕틀
			외벽			내벽					
			내력벽	비내력벽		내력벽	비내력벽				
용도구분		용도규모 층수/최고 높이(m)		연소 우려가 있는 부분	연소 우려가 없는 부분		경계벽	승강기·계단실의 수직벽			
주거시설	단독주택, 공동주택, 숙박시설, 의료시설	12/50 초과	2	1	0.5	2	2	2	3	2	1
		12/50 이하	2	1	0.5	2	1	1	2	2	0.5
		4/20 이하	1	1	0.5	1	1	1	1	1	0.5

3. 내화피복공법의 종류

종류		특징
습식공법	뿜칠공법, 타설공법, 미장공법, 조적공법	① 콘크리트나 모르타르와 같이 물을 혼합한 재료를 타설 또는 미장 등의 공법으로 부착하는 내화피복공법 ② 뿜칠공법은 복잡한 형상에 시공이 용이하고, 작업속도도 빠르며, 가격이 저렴하지만 피복두께 및 밀도의 관리가 어렵다.
건식공법	성형판 붙임공법, 휘감기공법, 세라믹울 피복공법	내화 및 단열성이 좋은 경량 성형판을 연결철물 또는 접착제를 이용하여 부착하는 공법, 공장제품으로 품질신뢰 및 품질관리가 용이
도장공법	내화도료공법	① 불에 견디는 도료를 강재의 표면에 칠하여 피막을 형성시키는 내화피복공법 ② 내화도료는 화재 시 강재의 표면 도막이 발포·팽창하여 단열층을 형성
합성공법	정의	이종재료의 적층이나 이질재료의 접합으로 일체화하여 내화성능을 발휘하는 공법
	종류 이종재료 적층공법	건식 및 습식 공법의 단점을 보완하여 바탕에 규산칼슘판을 부착하고 상부를 질석 플라스터로 마무리하는 공법
	이질재료 접합공법	철골강재면의 외측은 PC판을 붙이고 내부는 석면성형판 또는 규산칼슘판을 부착하여 내화피복하는 공법
복합공법		하나의 제품으로 2개의 기능을 충족시키는 내화피복공법으로, 내화피복과 커튼월이나 천장판 등의 복합적인 기능을 갖게 하는 공법

4. 검사 및 보수

구분	내용
미장공법, 뿜칠공법의 경우	① 시공 시에는 시공면적 $5m^2$당 1개소 단위로 핀 등을 이용하여 두께를 확인하면서 시공한다. ② 뿜칠공법의 경우, 시공 후 두께나 비중은 코어를 채취하여 측정한다. ③ 측정빈도는 층마다 또는 바닥면적 $500m^2$마다 부위별 1회를 원칙으로 하고, 1회에 5개소로 한다. 그러나 연면적이 $500m^2$ 미만의 건물에 대해서는 2회 이상으로 한다. 단, 필요시 책임기술자와 협의하여 면적을 늘릴 수 있다. (KCS 41 31 50)
조적공법, 붙임공법, 멤브레인공법의 경우	① 재료반입 시, 재료의 두께 및 비중을 확인한다. ② 그 빈도는 층마다 또는 바닥면적 $500m^2$마다 부위별 1회로 하며, 1회에 3개소로 한다. 그러나 연면적이 $500m^2$ 미만인 건물에 대해서는 2회 이상으로 한다. 단, 필요시 책임기술자와 협의하여 면적을 늘릴 수 있다. (KCS 41 31 50)

빈칸 채우기로 CHAPTER 마무리

❶ (   )은 지지대나 지지 와이어로프 등의 길이를 조절하기 위한 기구이다.

❷ 고장력볼트의 조임은 표준볼트장력을 얻을 수 있도록 1차조임(약 80%), 본조임의 순으로 하며, 고장력 볼트의 끼움에서 본조임까지의 작업은 (   ) 날 이루어지는 것이 원칙이다.

❸ (   )은 모재가 용융되어 용착금속이 채워지지 않고 홈으로 남게 된 부분이다.

❹ (   )은 모재의 끝을 가공하지 않고 모재와 모재의 교선을 따라 등변 또는 부등변의 삼각형 형태로 용접하는 방법이다.

❺ (   ) 보는 보 춤을 높이기 위해 압연형강의 웨브를 지그재그로 절단하여 돌출부끼리 용접접합한 6각형의 구멍이 규칙적으로 뚫린 보이다.

정답
① 턴버클 ② 같은 ③ 언더컷 ④ 필릿용접(모살용접) ⑤ 허니콤

▶ **연계학습** | 에듀윌 기본서 1차 [공동주택시설개론 上] p.258

회독체크 1 2 3

PART 1

CHAPTER 미리보기

01 조적재료 ★☆☆

02 모르타르 ★★★

03 벽돌구조 ★★★

04 벽돌조 건물의 균열 ★★☆

05 백화현상 ★★☆

06 벽돌조 복원 및 청소공사 ★☆☆

07 블록구조 ★★☆

08 석재붙임공법 ★☆☆

09 조적조 테두리보의 구조제한 ★★☆

10 조적조 내력벽의 구조제한 ★★★

핵심 01 **조적재료** ★☆☆

벽돌	① 표준형 벽돌치수: $190 \times 90 \times 57(mm)$ ② 벽돌품질시험은 압축강도와 흡수율시험으로 판정한다.
블록	① 우리나라에서는 BI형을 기본으로 가장 많이 사용한다. ② 기본형 블록치수: $390 \times 190 \times 210(190 \cdot 150 \cdot 100)(mm)$
석재	① 화강암: 강도와 경도가 커서 내마모성과 내구성이 크고 색채, 광택 등이 우수하지만, 열에 약하여 내화적이지 못하다. ② 대리석: 빛깔과 색깔 및 조각용으로는 우수하나 산 및 열에 약하고, 풍화에 약하여 외장용으로 사용하지 않고 실내 장식용으로 사용한다. ③ 압축강도 크기: 화강암 > 대리석 > 안산암 > 점판암 > 사문암 > 사암 > 응회암 > 부석 ④ 석재 표면 마무리 가공순서: 흑두기(쇠메) ⇨ 정다듬(정) ⇨ 도드락다듬(도드락망치) ⇨ 잔다듬(날망치) ⇨ 물갈기(금강사, 숫돌)

줄눈	줄눈 모르타르	모르타르 두께, 즉 너비는 가로와 세로 모두 10mm를 기준(내화벽돌은 6mm 표준)
	막힌줄눈	벽돌구조, 블록구조, 돌구조인 경우 사용하는 것이 원칙
	통줄눈	보강블록조, 치장용인 경우 사용하는 것이 원칙
	치장줄눈	줄눈 모르타르가 굳기 전에 줄눈파기를 하여 위에서 아래로 시공, 가장 많이 사용되는 줄눈은 평줄눈, 방습상 유리한 줄눈은 빗줄눈
접착강도	벽돌공사	모르타르 접착강도는 벽돌강도 이상의 것을 사용
	블록공사	모르타르 접착강도는 블록강도의 1.3 ~ 1.5배 이상의 것을 사용
물축임	붉은벽돌	벽돌쌓기 하루 전에 벽돌더미에 물 호스로 충분히 젖게 하여 표면에 습도를 유지한 상태로 준비하고, 더운 하절기에는 벽돌더미에 여러 시간 물뿌리기를 하여 표면이 건조하지 않게 하여 사용
	시멘트벽돌	쌓기 직전에 물을 축이지 않는다.
	내화벽돌	물축임을 하지 않는다.

핵심 03　벽돌구조 ★★★

1. 나라별 쌓기방법

종류	쌓기방법	특징
영식쌓기 (English Bond)	한 켜는 길이, 다음 켜는 마구리쌓기를 교대로 하며, 모서리나 벽끝 마구리켜에 반절이나 이오토막을 사용	① 구조적으로 가장 튼튼한 쌓기 ② 내력벽에 사용
화란식(네덜란드식)쌓기 (Dutch Bond)	영식쌓기와 거의 같지만, 모서리나 벽끝 길이켜에 칠오토막을 사용	① 우리나라에서 가장 많이 사용 ② 모서리가 상대적으로 견고 ③ 내력벽에 사용
미식쌓기 (American Bond)	5켜는 치장벽돌로 길이쌓기하고, 다음 한 켜는 마구리쌓기로 본 벽돌에 물리며, 뒷면은 영식쌓기로 한다.	① 외부에는 붉은 벽돌, 내부에는 시멘트벽돌을 사용 ② 내력벽에 사용
불식(프랑스식)쌓기 (Flemish Bond)	입면상 매 켜에 길이와 마구리를 번갈아 쌓으며, 토막벽돌을 많이 사용	① 내부에 통줄눈이 많이 발생 ② 벽돌담 등 치장용으로 사용 ③ 비내력벽에 사용

2. 각부 쌓기방법

공간쌓기	① 목적: 방습(주목적), 방한, 방서, 방음, 결로 방지 ② 연결재의 배치 및 거리 간격: 최대 수직거리는 400mm를 초과해서는 안되고, 최대 수평거리는 900mm를 초과해서는 안 된다.
기초쌓기	① 기초 위에 올리는 벽돌은 흡수율이 작고, 소성이 잘되고, 강도가 큰 벽돌을 사용한다. ② 기초 벽돌의 맨 밑의 너비는 도면 또는 공사시방서에서 정한 바가 없을 때에는 벽두께의 2배로 하고 맨 밑은 2켜 쌓기로 한다. ③ 기초판의 너비는 벽돌면보다 양쪽으로 각각 10~15cm 정도 크게 한다.
아치쌓기	① 상부에서 오는 수직 하중이 아치의 중심선을 따라 좌우로 나누어져 수직 압력만 받게 하고 부재의 하부에 인장력이 생기지 않도록 한 구조 ② 개구부 너비가 1.0m 이하일 때는 평아치로 할 수 있다. ③ 폭이 1.8m를 넘는 개구부의 상부에는 아치를 틀지 않고 철근콘크리트 인방보를 벽체에 최소 200mm 이상(보통 400mm 정도) 걸쳐 사용한다. ④ 환기 구멍 등 작은 개구부라도 아치를 트는 것이 원칙이다.
내쌓기	① 벽면에서 내쌓기: 한 켜씩 1/8B, 두 켜씩 1/4B ② 내미는 한도: 2.0B 이하
창대쌓기	창대 벽돌은 윗면을 15° 내외로 경사지어 옆세워 쌓는다.
영롱쌓기	벽돌면에 구멍을 내어 쌓는 방식(장식적인 효과)
엇모쌓기	45° 각도로 모서리가 면에 나오도록 쌓는 방식(음영 효과를 낼 수 있다)

3. 벽돌쌓기 시 유의사항

① 가로 및 세로줄눈의 너비는 도면 또는 공사시방서에 정한 바가 없을 때에는 10mm를 표준으로 하며, 세로줄눈은 통줄눈이 되지 않도록 하고, 수직 일직선상에 오도록 벽돌나누기를 한다.

② 벽돌쌓기는 도면 또는 공사시방서에서 정한 바가 없을 때에는 영식쌓기 또는 화란식쌓기로 한다.

③ 가로줄눈의 바탕 모르타르는 일정한 두께로 평평히 펴 바르고, 벽돌을 내리누르듯 규준틀과 벽돌나누기에 따라 정확히 쌓는다.

④ 세로줄눈의 모르타르는 벽돌 마구리면에 충분히 발라 쌓도록 한다.

⑤ 벽돌은 각 부를 가급적 동일한 높이로 쌓아 올라가고, 벽면의 일부 또는 국부적으로 높게 쌓지 않는다.

⑥ 하루의 쌓기높이는 1.2m(18켜 정도)를 표준으로 하고, 최대 1.5m(22켜 정도) 이하로 한다.

⑦ 연속되는 벽면의 일부를 트이게 하여 나중쌓기로 할 때에는 그 부분을 층단 들여쌓기로 한다.

⑧ 벽돌벽이 블록벽과 서로 직각으로 만날 때에는 연결철물을 만들어 블록 3단마다 보강하여 쌓는다.

⑨ 벽돌벽이 콘크리트 기둥(벽), 슬래브 하부면과 만날 때에는 그 사이에 모르타르를 충전한다.

⑩ 한랭기 및 극한기에는 벽돌공사를 가급적 하지 않도록 한다.

⑪ 한중시공 시 쌓을 때의 조적체는 건조 상태이어야 한다.

⑫ 보강 벽돌쌓기에서 종근은 기초까지 정착되도록 콘크리트 타설 전에 배근한다.

⑬ 콘크리트(시멘트) 벽돌쌓기 시 조적체는 원칙적으로 젖어서는 안 된다.

핵심 04 벽돌조 건물의 균열 ★★☆

1. 균열 원인

계획 및 설계상의 미비	① 기초의 부동(부등)침하 ② 건물의 평면, 입면의 불균형 및 벽의 불합리한 배치 ③ 불균형 하중, 큰 집중 하중, 횡력 및 충격 ④ 벽의 길이, 높이에 비해 두께가 부족하거나 벽체 강도 부족 ⑤ 문꼴 크기의 불합리 및 불균형 배치(개구부 크기의 불합리)
시공상의 결함	① 벽돌 및 모르타르의 강도 부족 ② 온도 및 습기에 의한 재료의 건조수축 ③ 이질재와의 접합부, 불완전 시공 ④ 콘크리트보 밑 모르타르 다져 넣기의 부족(장막벽의 상부) ⑤ 모르타르, 회반죽 바름의 신축 및 들뜨기 ⑥ 온도 변화와 신축을 고려한 신축줄눈 설치 미흡

2. 균열대책

① 연약층, 경사지, 비탈면 등의 조사를 면밀히 하고 부동침하에 대한 고려를 한다.

② 건물 자체로서 건물의 중량을 줄인다.

③ ㄱ자, ㄷ자형의 복잡한 평면 구성을 피하고 단순화한다.

④ 하중의 집중을 피하고 건물의 중량 배분을 균일하게 한다.

⑤ 기초는 동일 형식, 동일 구조로 하고 강성을 높인다.

⑥ 벽돌조의 문꼴을 넓게 하거나 불균형 배치를 피하고, 상하층의 창문 위치, 너비를 일치시키고 창문 주위가 약화되는 것을 방지한다.

⑦ 양질의 벽돌과 모르타르를 사용한다.

⑧ 건물 전체가 부분적 결함이 없고 균일한 강도이어야 한다.

⑨ 이질재와의 접합부, 벽의 상부 등은 신축줄눈 및 조절줄눈을 설치한다.

핵심 05 백화현상 ★★☆

정의		벽에 침투하는 빗물에 의해서 모르타르 중의 석회분이 공기 중의 탄산가스(CO_2)와 결합하여 벽돌이나 조적 벽면을 하얗게 오염시키는 현상
발생 조건	재료적 조건	① 재령이 짧은 시멘트와 분말도가 작은 시멘트를 사용하는 경우 ② 흡수율이 높거나 소성(燒成)이 잘 되지 않은 벽돌을 사용하는 경우
	외부환경 조건	① 기온이 낮은 겨울철이나 장마철과 같이 습도가 높은 경우 ② 바람에 의한 표면의 급강하가 발생한 경우 ③ 그늘진 면, 북쪽 면에서 많이 발생
방지 대책		① 흡수율이 작고 잘 구워진 벽돌(소성이 잘된 벽돌) 사용 ② 줄눈 모르타르의 방수 처리를 철저(방수제 사용과 충분한 사춤)하게 시공 ③ 조립률이 큰 모래, 분말도가 큰 시멘트 사용 ④ 모르타르의 물시멘트비 감소 ⑤ 빗물의 침투를 방지하기 위해 차양, 루버, 돌림띠 등 설치 ⑥ 표면에 파라핀 도료나 실리콘 뿜칠 시공
제거 방법		① 브러시나 마른 솔로 제거 ② 염산과 물의 비율이 1 : 5 정도인 묽은 염산으로 백화를 제거하고, 반드시 물로 씻어냄

벽돌조 복원 및 청소공사 ★☆☆

1. 생장식물의 제거

① 벽돌구조체 표면에 생장하는 이끼, 덩굴 등의 식물은 뿌리를 자른 후 완전히 제거하기 전에 가능한 한 오랫동안 건조하도록 한다.

② 줄눈 속에 남아 있는 찌꺼기, 흙, 모르타르 조각 등은 아무리 깊더라도 완전히 제거하여야 한다.

2. 벽돌면의 청소

① 벽돌면의 청소방법은 표면에 낀 때, 먼지, 얼룩, 기타 오염물을 고려하여 물, 화학제, 기계적인 방법 중 표면에 피해가 가장 적은 방법을 선택하여야 한다.

② 벽돌면의 물청소는 뻣뻣한 나일론이나 강모로 된 솔로 물을 뿌려 가며 긁어내린다.

③ 청소는 위에서부터 아래로 내려가면서 시행하며, 개구부는 적절한 방수막으로 덮어야 한다.

④ 샌드 블라스팅, 그라인더, 마사포의 기계적인 방법을 사용하는 경우에는 담당원이 지시하는 일정 면적을 시험·청소하고, 지시된 기간 동안 노출시킨 후에 검사를 받아 승인을 얻은 후에 공사를 시작한다.

3. 청소방법(산세척)

① 산세척은 모르타르와 매입철물을 부식시키기 때문에 일반적으로 사용하지 않는다. 특히 수평부재와 부재 수평부 등 물이 고여 있는 장소에는 하지 않는다.

② 산세척은 다른 방법으로 오염물을 제거하기 곤란한 장소에 채용하고, 그 범위는 가능한 한 작게 한다.

③ 부득이하게 산세척을 실시하는 경우는 담당원 입회하에 매입철물 등의 금속부를 적절히 보양하고, 벽돌을 표면수가 안정하게 잔류하도록 물축임한 후에 3% 이하의 묽은 염산을 사용하여 실시한다.

④ 오염물을 제거한 후에는 즉시 충분히 물세척을 반복한다.

4. 줄눈 재시공

① 먼저 손상된 줄눈을 완전히 파내고 깨끗이 청소한 다음 물로 완전히 적신다.

② 줄눈은 새로 섞은 줄눈 모르타르를 이용하여 한 번에 6.5mm 이하의 두께로 앞에 시공한 줄눈층의 물기가 마르는 즉시 압력을 가하여 층층이 채워 간다. 이때 매 층을 도구로 평활하게 하지 말고 접착력을 위하여 거친 대로 놓아둔다. 마지막 층은 압력을 가하여 줄눈을 꽉 채우고 다진다.

③ 줄눈도구를 이용하여 기존 줄눈과 같은 형태로 마감한다. 이때 줄눈 모르타르가 노출벽돌 밖으로 넘치지 않도록 특히 주의한다. 또한, 마감된 줄눈 모르타르의 가장자리가 얇게 되는 현상을 피하도록 한다.

④ 기존 벽돌 모서리의 마모가 심할 때에는 줄눈을 약간 안으로 들여 마감한다.

⑤ 마감된 줄눈은 담당원의 지시에 따라 강모솔질 또는 낮은 압력의 물을 분무하여 외관상 기존 줄눈과 조화되도록 시공하여야 한다.

⑥ 마감된 줄눈은 습윤한 상태에서 5일간 보양하도록 한다.

⑦ 공사가 완료된 후 30일 동안 모르타르가 완전히 보양되도록 한 후, 노출벽면을 거친 솔, 스펀지 및 물 등으로 깨끗이 청소한다.

핵심 07 **블록구조** ★★☆

보강철근	① 세로근의 삽입 위치는 벽끝, 모서리, 교차부, 문꼴(개구부) 주위 ② 그라우트 및 모르타르의 세로 피복두께는 20mm 이상 ③ 철근은 굵은 것보다 가는 것을 여러 개 넣는 것이 효과적이며, 가로 또는 세로 간격은 80cm 이내로 한다. ④ 세로철근은 도중에서 잇지 않는다. ⑤ 보강근은 모르타르 또는 그라우트 사춤하기 전에 배근해야 하고 움직이지 않게 고정한다.
쌓기 시 주의사항	① 단순조적 블록쌓기의 세로줄눈은 막힌줄눈이 원칙이고, 보강블록쌓기는 통줄눈이 원칙이다. ② 하루 쌓기높이는 1.5m(7켜) 이내로 쌓는다. ③ 살두께가 두꺼운 쪽을 위로 하여 쌓는다. ④ 모르타르 또는 그라우트를 사춤하는 높이는 3켜 이내로 하고, 하루 작업종료 시의 세로줄눈 공동부에 모르타르 또는 그라우트의 타설높이는 블록의 상단에서 약 50mm 아래에 둔다.

석재붙임공법 ★☆☆

종류	특징
앵커 긴결공법	① 건물 벽체에 단위 석재를 각종 앵커와 긴결재인 파스너(Fastner)에 의해 독립적으로 설치하는 공법이다. ② 앵커체가 단위재를 지지하기 때문에 상부하중이 하부로 전달되지 않는다. ③ 모르타르를 충전하지 않으므로 동절기 시공이 가능하고, 공기단축 및 백화방지에 유리하다. ④ 연결철물은 석재의 상하 및 양단에 설치하여 하부의 것은 지지용으로, 상부의 것은 고정용으로 사용하며, 연결철물용 앵커와 석재는 핀으로 고정시키며 접착용 에폭시는 사용하지 않는다. ⑤ 꽂임촉 둘레의 파단에 주의하여 석재의 두께 및 크기를 결정하고, 갈라지기 쉬운 석재는 꽂임촉 주위에 합성수지를 주입한다. ⑥ 앵커, 너트, 볼트, 와셔, 연결철물(파스너) 등은 스테인리스나 알루미늄, 청동 합금 등을 사용하거나 녹막이 방청처리를 한다.
강재트러스 지지공법	구조체에 강재트러스를 설치한 후 석재를 그 위에 설치해 나가는 공법
GPC공법	① 강재트러스 대신에 대형 콘크리트패널을 사용하는 방법 ② 석재와 콘크리트를 일체화시킨 PC를 공장에서 제작하여 건축물의 외벽에 연결철물을 이용해 부착하는 공법

조적조 테두리보의 구조제한 ★★☆

설치목적	① 분산된 벽체를 일체화하여 하중을 균등하게 분포 ② 횡력에 의한 벽면의 수직균열 방지 ③ 세로철근의 끝을 정착하기 위해 ④ 상부 집중하중을 받는 벽돌이나 블록을 보강
구조제한	① 최상층이 철근콘크리트 바닥판으로 구성된 경우를 제외하고는 원칙적으로 조적조에서는 테두리보를 설치해야 한다. ② 테두리보의 춤: 단층인 경우 250mm 이상으로 하고, 2층 또는 3층인 경우 최소 300mm 이상 혹은 벽두께의 1.5배 이상으로 한다. ③ 테두리보의 너비: 단층인 경우 벽두께 이상, 2층 또는 3층인 경우 벽길이의 1/20 이상으로 한다.

조적조 내력벽의 구조제한 ★★★

1. 높이 및 길이

① 조적구조인 건축물 중 2층 건축물에 있어서 2층 내력벽의 높이는 4m를 넘을 수 없다.

② 조적구조인 내력벽의 길이는 10m를 넘을 수 없다.

③ 조적구조인 내력벽으로 둘러싸인 부분의 바닥면적은 80m²를 넘을 수 없다.

2. 두께

① 바닥면적(A) ≦ 60m²

건물높이 / 층별 두께 / 벽길이	5m 미만		5m 이상 11m 미만		11m 이상	
	8m 미만	8m 이상	8m 미만	8m 이상	8m 미만	8m 이상
1층	150mm	190mm	190mm	190mm	190mm	290mm
2층	–	–	190mm	190mm	190mm	190mm

② 바닥면적(A) > 60m²

건축물 층수 / 층별 두께	1층 건물	2층 건물
1층	190mm	290mm
2층	–	190mm

3. 개구부

① 각 층의 대린벽으로 구획된 각 벽에 있어서 개구부 폭의 합계는 그 벽 길이의 1/2 이하로 하여야 한다.

② 하나의 층에 있어서의 개구부와 그 바로 위층에 있는 개구부와의 수직거리는 600mm 이상으로 하여야 하며, 같은 층의 벽에 상하의 개구부가 분리되어 있는 경우 그 개구부 사이의 거리도 또한 같다.

③ 조적구조인 벽에 설치하는 개구부에 있어서는 각 층마다 그 개구부 상호간 또는 개구부와 대린벽의 중심과의 수평거리는 그 벽두께의 2배 이상으로 하여야 한다 (단, 개구부의 상부가 아치구조인 경우에는 그러하지 아니하다).

④ 조적구조인 내어민창 또는 내어쌓기창은 철골 또는 철근콘크리트로 보강하여야 한다.

빈칸 채우기로 CHAPTER 마무리

❶ (   )는 한 켜는 길이, 다음 켜는 마구리쌓기를 교대로 하며, 모서리나 벽끝 마구리켜에 반절
이나 이오토막을 사용한다.

❷ 기초쌓기는 기초 벽돌의 맨 밑의 너비는 도면 또는 공사시방서에서 정한 바가 없을 때에는 벽두께의
(   )배로 하고 맨 밑은 2켜 쌓기로 한다.

❸ 하루의 쌓기높이는 (   )m(18켜 정도)를 표준으로 하고, 최대 (   )m(22켜 정
도) 이하로 한다.

❹ 기온이 낮은 겨울철이나 (   )철과 같이 습도가 (   ) 경우 백화현상이 발생
한다.

❺ 부득이하게 산세척을 실시하는 경우는 담당원 입회하에 매입철물 등의 금속부를 적절히 보양하고, 벽돌을
표면수가 안정하게 잔류하도록 물축임한 후에 (   )% 이하의 묽은 염산을 사용하여 실시한다.

❻ 테두리보의 춤은 단층인 경우 (   )mm 이상으로 하고, 2층인 경우 최소 (   )mm
이상 혹은 벽두께의 1.5배 이상으로 한다.

정답

① 영식쌓기   ② 2   ③ 1.2 / 1.5   ④ 장마 / 높은   ⑤ 3   ⑥ 250 / 300

▶ **연계학습** | 에듀윌 기본서 1차 [공동주택시설개론 上] p.302

회독체크 1 2 3

CHAPTER 미리보기

01 시멘트 모르타르계 방수 ★★★
02 아스팔트 방수 ★★☆
03 시멘트 모르타르계 방수와 아스팔트 방수의
   비교 ★☆☆
04 시트방수 ★★☆
05 도막방수 ★★☆
06 실링방수 ★☆☆
07 안방수와 바깥방수의 비교 ★★☆
08 방습공사 사용 재료 ★★★
09 방습공사의 일반사항 ★☆☆
10 방습공사 시공 ★☆☆

핵심 01 시멘트 모르타르계 방수 ★★★

정의	① 무기질계와 유기질계 등의 방수제를 모르타르와 혼합하여 구조체에 침투시키거나 여러 번 도포하여 수밀층을 만들어 방수성능을 갖게 한 공법 ② 간단한 방수, 지하실의 안방수, 소규모의 지붕방수 등과 같은 비교적 경미한 방수에 사용하는, 저렴하면서 시공이 가능한 공법 ③ 모체(母體)인 콘크리트에 균열이 발생하면 시공이 곤란한 방수공법
시공 시 주의사항	① 모래는 양질의 것으로 유해량의 철분, 염분, 진흙, 먼지 및 유기불순물을 함유하지 않은 것을 사용(단, 바름두께에 지장을 주지 않는 범위 내에서 입도가 큰 것을 사용) ② 물은 유해 함유량의 염분, 철분, 이온 및 유기물 등이 포함되지 않은 깨끗한 것을 사용 ③ 바탕의 상태는 평탄하고, 휨, 단차, 들뜸, 레이턴스, 취약부 및 현저한 돌기물 등의 결함이 없는 것을 표준으로 한다. ④ 방수층 시공 전에 곰보, 콜드 조인트(Cold Joint), 이음타설부, 균열, 콘크리트에 관통하는 거푸집 고정재에 의한 구멍·볼트·철골·배관 주위, 콘크리트 표면의 취약부는 실링재 또는 폴리머 시멘트 모르타르 등으로 바탕처리 ⑤ 온도에 의한 수축·팽창에 대한 신축성이 작으므로 일정한 간격마다 반드시 신축줄눈을 설치하여 균열을 방지 ⑥ 재령의 초기에는 충격 및 진동 등의 영향을 받지 않도록 한다. ⑦ 지붕슬래브, 실내바닥 등의 방수바탕은 1/100 ~ 1/50의 물매로 한다.

아스팔트 방수 ★★☆

1. 일반사항

(1) 품질검사 항목

침입도	아스팔트의 양부를 판별하는 데 가장 중요한 아스팔트의 경도를 나타내는 것으로서, 25℃에서 100g 추로 5초 동안 바늘을 누를 때 0.1mm 들어가는 것을 침입도 1이라고 한다.
연화점	아스팔트를 가열하여 액상의 점도에 도달했을 때의 온도
인화점	아스팔트를 가열하여 불을 대는 순간 불이 붙을 때의 온도

➡ 일반적으로 침입도가 작은 것은 연화점이 높기 때문에 온난한 지역은 침입도가 작은 것을 사용하고, 한랭지는 침입도가 크고 연화점이 낮은 것을 사용한다.

(2) 아스팔트 종류

스트레이트 아스팔트	신축이 좋고 교착력도 우수하지만 연화점이 낮고 내구력이 떨어지므로 주로 지하실 방수용으로 사용된다.
블로운 아스팔트	비교적 연화점이 높고 안전하며, 온도에 예민하지 않아서 가장 많이 사용된다. 주로 지붕 또는 옥상방수에 사용된다.
아스팔트 컴파운드	블로운 아스팔트에 동·식물성 유지를 첨가하고 광물가루를 혼입한 방수로, 가장 신축이 크고 최우량 제품이다.
아스팔트 프라이머	블로운 아스팔트와 휘발성 용제를 섞어 만든 것으로, 콘크리트 등의 모체에 침투가 용이하여, 콘크리트 바탕면과 아스팔트의 방수층간의 부착이 잘 되게 가장 먼저 도포하는 바탕처리재이다. 방수역할을 주로 하는 것이 아니다.

2. 특징

방수공법	열공법	아스팔트 루핑류를 가열 용융시킨 아스팔트를 바탕에 붙이고, 이것을 2~4회 적층하여 방수층을 형성하는 공법
	냉(상온)공법	상온에서 액상아스팔트를 사용하고, 경우에 따라 망상펠트류로 보강하는 공법
시공 시 주의사항	① 펠트겹치기는 평행, 직교 또는 비늘형으로 겹쳐 대지만 직교형으로 하는 것이 가장 유리하다. ② 바탕형상에 오목모서리는 아스팔트 방수층의 경우에는 삼각형으로 면처리하고, 아스팔트 외의 방수층은 직각으로 면처리하지만, 볼록모서리는 각이 없는 완만한 면처리로 한다.	

③ 기온이 5℃ 미만으로 낮고 바탕이 동결되어 있어 시공에 지장이 있다고 예상되는 경우에는 시공하지 않는 것이 원칙이다.

④ 루핑의 겹침폭은 길이 및 폭 방향 100mm 정도로 하고, 루핑은 원칙적으로 물흐름을 고려하여 물매의 아래쪽으로부터 위를 향해 붙인다.

⑤ 평면부 콘크리트에는 3m 내외로 신축줄눈을 설치하고, 파라펫 및 펜트하우스 주변 및 치켜올림면으로부터 평면부 쪽으로 0.6m 내외의 적당한 위치에도 신축줄눈을 설치한다.

⑥ 신축줄눈은 폭 20mm 정도, 깊이는 콘크리트의 밑면까지 도달하도록(분리되도록) 설치하고, 줄눈재 고정을 위해 빈배합의 시멘트 모르타르를 사용한다.

핵심 03 시멘트 모르타르계 방수와 아스팔트 방수의 비교 ★☆☆

구분	시멘트 모르타르계 방수	아스팔트 방수
방수의 수명	확실히 신뢰할 수 없다	비교적 수명이 길다
외기에 대한 영향	민감하다	적다
방수층의 신축성	거의 없다	크다
균열 발생	잘 생긴다	비교적 생기지 않는다
시공 용이도	간단	번잡
공사기간	짧다	길다
공사비·보수비	저렴	고가
보호 누름	하지 않아도 무방	절대 필요
모체 바탕처리	보통건조	완전건조
모체	모체가 나쁘면 시공이 곤란	모체가 나빠도 시공이 용이
결함부 발견	용이	용이하지 않다
보수범위	국부적	광범위

1. 합성고분자계 시트방수

정의	아스팔트와 같은 다층방식이 아닌 합성고무계, 합성수지계 등의 합성고분자 시트를 접착제로 바탕면에 붙여서 시트 1겹의 단층으로써 방수처리하는 공법
특징	① 상온시공이 가능하고, 열을 사용하지 않는 시공이 가능하다. ② 시공이 간단하여 공사기간이 짧다. ③ 시트는 신장력이 커서 바탕균열에 대한 저항력이 우수하고, 내구성 및 내후성이 좋다. ④ 바탕 표면에 돌기가 있을 경우 시트가 손상될 수 있다. ⑤ 시트의 접합부 처리가 어렵고, 가격이 비싼 편이다.
시공 순서	바탕처리(완전건조) ⇨ 프라이머 도포 ⇨ 접착제 도포 ⇨ 시트 붙이기 ⇨ 보호층 설치

2. 개량 아스팔트시트 방수

일반 구조물에 방수시트 붙이기	① 개량 아스팔트 방수시트 붙이기는 토치로 개량 아스팔트시트의 뒷면과 바탕을 균일하게 가열하여 개량 아스팔트를 용융시키고, 눌러서 붙이는 방법을 표준으로 한다. ② 일반부의 개량 아스팔트 방수시트가 상호 겹쳐진 접합부는 개량 아스팔트가 삐져나올 정도로 충분히 가열 및 용융시켜 눌러서 붙인다. ③ 개량 아스팔트 방수시트의 상호 겹침은 길이 방향으로 200mm 정도, 폭 방향으로는 100mm 이상으로 하고, 물매의 낮은 부분에 위치한 시트가 겹침 시 아래면에 오도록 접합시킨다. ④ 치켜올림의 개량 아스팔트 방수시트의 끝부분은 누름철물을 이용하여 고정하고, 실링재로 실링처리한다.
지하외벽 및 수영장 등의 벽면에 방수시트 붙이기	① 미리 개량 아스팔트 방수시트를 2m 정도로 재단하여 시공한다. ② 높이가 2m 이상인 벽은 같은 작업을 반복한다. ③ 재단하지 않고 개량 아스팔트 방수시트를 붙이는 경우에는 늘어뜨리는 장치를 이용하여 시공한다. ④ 개량 아스팔트 방수시트의 겹침폭은 길이 및 폭 방향 모두 100mm 이상으로 하고 최상단부 및 높이가 10m를 넘는 벽에서는 10m마다 누름철물을 이용하여 고정한다.
특수 부위의 처리	오목모서리와 볼록모서리 부분은 일반 평면부에서의 개량 아스팔트 방수시트 붙이기에 앞서 폭 200mm 정도의 덧붙임용 시트로 처리한다.

핵심 05 도막방수 ★★☆

정의	① 내수성이 있는 도료상의 방수재를 바탕면에 여러 번 바르거나 뿜칠하여 방수층을 만드는 공법 ② 곡면이 많은 지붕이나 복잡한 형상의 시공에 유리한 공법이지만, 방수의 신뢰도가 떨어진다.
시공 시 주의사항	① 2액형 도막방수재는 시공 중 점도조절을 목적으로 용제를 첨가해서는 안 된다. ② 도막방수는 바탕처리를 한 후 프라이머를 균일하게 도포한다. ③ 방수재 1회의 혼합량은 시공시기, 면적, 능률 및 재료의 사용가능시간 등을 고려한다. ④ 보강포는 바탕에 균열이 생겼을 경우 방수층의 동시 파단 또는 크리프 파단의 위험을 경감하고, 균일한 도막두께(설계두께)의 확보 및 치켜올림부, 경사부에서의 방수재의 흘러내림을 방지하기 위해 사용한다. ⑤ 보강포 붙이기는 치켜올림부·오목모서리·볼록모서리·드레인 주변 및 돌출부 주위에서부터 시작한다. ⑥ 방수재는 핀홀이 생기지 않도록 솔, 고무주걱 및 뿜칠기구 등으로 균일하게 치켜올림 부위를 도포한 다음, 평면 부위의 순서로 도포한다. ⑦ 방수재 겹쳐바르기는 원칙적으로 앞의 공정에서의 도포방향과 직교해서 실시하며, 겹쳐바르기 또는 이어바르기의 폭은 100mm 내외로 한다. ⑧ 고무아스팔트계 도막방수재의 지하외벽에 대한 뿜칠은 위에서부터 아래의 순서로 실시한다.

실링방수 ★☆☆

정의	① 건축물 부재 간의 접착부에 사용(각종 줄눈, 창호 주위, 균열부 보수, 커튼월공법) ② 탄성적 충전재로서 실링재가 경화하면서 수밀성과 기밀성을 확보하여 방수역할을 한다.
실링재의 요구성능	① 부재와의 접착성이 좋고, 수밀성, 내구성, 내후성, 내약품성이 있을 것 ② 온도의 변화에 따라 변형의 저항성을 가질 것 ③ 조인트 부위의 변형에 추종할 수 있을 것 ④ 불침투성 재료일 것 ⑤ 내부응집력 변화에 따른 내부파괴가 없을 것
시공 시 주의사항	① 강우 및 강설 시 혹은 강우 및 강설이 예상될 경우 또는 강우 및 강설 후 피착체가 아직 건조되지 않은 경우에는 시공해서는 안 된다. ② 기온이 현저하게 낮거나(5℃ 이하) 또는 너무 높을 경우(30℃ 이상, 구성부재의 표면온도가 50℃ 이상)에는 시공을 중지한다. ③ 습도가 너무 높을 경우(85% 이상)에는 시공을 중지한다. ④ 이종 실링재의 이음은 원칙적으로 피한다. ⑤ 백업재 및 본드 브레이커는 실링재와 접착하지 않고, 또한 실링재의 성능을 저하시키지 않는 것을 사용한다.

안방수와 바깥방수의 비교 ★★☆

구분	안방수	바깥방수
수압	수압이 작고 얕은 지하실	수압이 크고 깊은 지하실
바탕 만들기	따로 만들 필요 없음	따로 만들어야 함
공사 시기	자유로이 선택	구조체 공사에 선행 ◐ 외벽은 구조체 공사 후 실시
공사 및 보수 용이성	용이	어려움
경제성	비교적 저렴	비교적 고가
보호 누름	절대 필요	없어도 무방 ◐ 외벽은 필요

방습공사 사용 재료 ★★★

종류	내용
박판 시트계 방습재료	종이 적층 방습재료, 적층된 플라스틱 또는 종이 방습재료, 펠트 및 아스팔트 필름 방습층, 플라스틱 금속박 방습재료, 금속박과 종이로 된 방습재료, 금속박과 비닐직물로 된 방습재료, 금속과 크라프트지로 된 방습재료, 보강된 플라스틱 필름 형태의 방습재료 등이 있다.
아스팔트계 방습재료	아스팔트 방수공사에서 정하는 품질 이상의 것으로 한다.
시멘트 모르타르계 방습재료	시멘트 액체 방수공사에서 정하는 품질 이상의 것으로 한다.
신축성 시트계 방습재료	비닐필름 방습지, 폴리에틸렌 방습층, 교착성이 있는 플라스틱 아스팔트 방습층, 방습층 테이프 등이 있다.

방습공사의 일반사항 ★☆☆

정의		① 지면에 접하는 콘크리트, 블록, 벽돌 및 이와 유사한 재료로 축조된 벽체 또는 바닥판의 습기 상승을 방지하는 공사 ② 비나 이슬에 노출되는 벽면의 흡수 등을 방지하기 위하여 박판 시트계, 아스팔트계, 시멘트 모르타르계 또는 신축성 시트계의 수밀 차단재를 사용하는 공사 ③ 콘크리트, 블록, 벽돌 등의 벽체가 지면에 접하는 곳은 지상 100 ~ 200mm 내외 위에 수평으로 방수 모르타르 바름(두께 10 ~ 20mm)의 방습층 설치
각종 방습층 공법	아스팔트 펠트, 아스팔트 루핑 등의 방습층	① 밑바탕 면을 수평지게 평탄히 바르고 아스팔트로 교착하여 댄다. ② 아스팔트 펠트나 루핑 등의 너비는 벽체 등의 두께보다 15mm 내외로 좁게 하고, 직선으로 잘라 쓴다. ③ 이음은 100mm 이상 겹쳐 아스팔트로 교착한다.
	방수 모르타르의 방습층	바탕면을 충분히 물씻기 청소를 하고, 시멘트 액체 방수공법에 준하여 시공한다.
바닥 밑 방습층		① 콘크리트 다짐바닥, 벽돌깔기 등의 바닥면에 방습층을 둘 때에는 잡석다짐 또는 모래다짐 위에 아스팔트 펠트나 비닐지를 깔고 그 위에 콘크리트 또는 벽돌 깔기를 한다. ② 아스팔트 펠트, 비닐지의 이음은 100mm 이상 겹치고, 겹침부위는 제조업자의 방습테이프 등으로 마감한다.

방습공사 시공 ★☆☆

검사 및 준비	① 시공자는 방습층 공사가 실시되는 바탕면과 조건을 면밀히 검토한다.
	② 불만족스러운 조건들이 수정되기 전에는 작업을 진행시키지 않아야 한다.
	③ 바탕면 구조나 개구부의 틀이 완성된 후에 방습층 공사를 한다.
	④ 방습층을 통해 환기구, 배수구 기타의 돌출구를 설치한다.
	⑤ 방습층이 놓이는 바탕을 깨끗이 하고 예리한 돌출물을 없앤다.
아스팔트계 방습공사	① 수직 방습공사는 벽을 따라 지표면부터 기초의 윗부분까지 연장하고, 기초 윗부분에는 최소한 150mm 정도 기초의 외면까지 돌려 덮는다. 벽이 서로 만나는 부분이나 기초에서는 300mm 정도 방습면을 연장하여야 하지만, 공사가 완공되었을 때 외부로 나타나는 부분까지 연장해서는 안 된다.
	② 외벽 표면의 가열 아스팔트 방습은 보통 지표면 아래 구조벽에 사용되고, 바탕면에 거품이 생길 경우에는 가열 아스팔트를 사용하지 않는다.

빈칸 채우기로 CHAPTER 마무리

❶ 아스팔트 방수공사는 기온이 (   )℃ 미만으로 낮고 바탕이 동결되어 있어 시공에 지장이 있다고 예상되는 경우에는 시공하지 않는 것이 원칙이다.

❷ 개량 아스팔트 방수시트의 상호 겹침폭은 길이 방향으로 (   )mm 정도, 폭 방향으로는 (   )mm 이상으로 하고, 물매의 아래쪽 시트가 아래로 가도록 접합한다.

❸ (   )는 내수성이 있는 도료상의 방수재를 바탕면에 여러 번 바르거나 뿜칠하여 방수층을 만드는 공법이다.

❹ (   ) 시트계 방습재료에는 비닐필름 방습지, 폴리에틸렌 방습층, 교착성이 있는 플라스틱 아스팔트 방습층, 방습층 테이프 등이 있다.

정답
① 5   ② 200 / 100   ③ 도막방수   ④ 신축성

▶ **연계학습** | 에듀윌 기본서 1차 [공동주택시설개론 上] p.344   회독체크 1 2 3

CHAPTER 미리보기

01 지붕재료 및 물매 ★★☆   03 홈통에서 우수의 흐름 순서 ★☆☆

02 아스팔트 지붕공사 ★☆☆   04 홈통 시공 ★★☆

핵심 01 지붕재료 및 물매 ★★☆

지붕 재료의 요구 조건	① 수밀성 및 내수성, 내풍성, 내후성, 내구성이 커야 한다. ② 온도 및 습도에 대한 저항성이 커서 신축성 및 팽창률이 작아야 한다. ③ 흡수율이 작아 동해를 받지 않고 외력에 저항성이 커야 한다. ④ 열전도율이 작아 방화적·내화적이며 차단성이 커야 한다. ⑤ 모양 및 빛깔이 좋아 건물과 조화되어 미관이 수려해야 한다.
지붕 종류	① **박공지붕**: 지붕마루에서 양쪽 방향으로 경사진 지붕으로, 경사진 지붕 또는 맞배지붕이라고도 한다. ② **모임지붕**: 지붕면이 사방으로 흐르고, 추녀마루가 용마루에 모여 합친 지붕을 말한다. ③ **합각지붕**: 모임지붕 일부에 박공지붕을 같이 한 것이다(= 팔작지붕). ④ **맨사드지붕**: 모임지붕 물매의 상하가 다르게 한 지붕으로 천장 속을 높게 이용할 수 있고, 비교적 큰 실내구성에 용이한 지붕이다. ⑤ **솟을지붕**: 지붕의 일부분을 높게 하여 채광, 통풍을 위하여 만든 작은 지붕이다.
지붕 물매	**정의** — 지붕의 경사(물매)는 지붕구조에서 수평방향에 대한 높이의 비를 말한다.
	결정 요소 — ① 지붕의 물매는 간사이의 크기, 건물의 용도, 지붕재료의 성질·크기 및 모양, 지역의 강우량, 적설량 등에 따라 결정한다. ② 지붕이 클수록 또는 간사이가 길수록 물매는 크게(급경사) 한다. ③ 지붕재료 한 개의 크기가 클수록 물매는 작게(완경사) 한다. ④ 강우량 및 적설량이 많을수록 물매는 크게(급경사) 한다. ⑤ 지붕재료의 강도, 내수성, 수밀성이 클수록 물매는 작게(완경사) 한다.

	평지붕	지붕의 경사가 1/6 이하인 지붕
종류	완경사 지붕	지붕의 경사가 1/6에서 1/4 미만인 지붕
	일반경사 지붕	지붕의 경사가 1/4에서 3/4 미만인 지붕
	급경사 지붕	지붕의 경사가 3/4 이상인 지붕
최소 한도	합성고분자시트 지붕·아스팔트 지붕·폼 스프레이 단열 지붕(1/50 이상) < 금속기와·금속판 지붕·금속 절판(1/4 이상) < 기와지붕·아스팔트 싱글 (1/3 이상) < 평잇기 금속 지붕(1/2 이상)	

핵심 02 **아스팔트 지붕공사** ★☆☆

일반사항	① 평지붕에 설치하는 아스팔트 지붕 방수공사와 1/50 ~ 1/7.5의 경사를 갖는 모래 붙인 아스팔트 루핑 또는 변성 아스팔트 시트를 사용한 지붕 방수공사 위에 골재를 사용하여 마감하는 적층 아스팔트 지붕공사에 적용한다. ② 두루마리 형태의 제품은 반드시 수직으로 세워서 보관하며 실제로 시공하기 직전에 아스팔트 지붕재료는 최소 24시간 동안 4℃ 이상의 온도에서 보관함이 원칙이다. ③ 아스팔트 지붕은 주위 기온이 4℃ 이상일 때 시공한다.
아스팔트 지붕 시공 시 고려사항	① 모든 자재는 사용하기 이전에 건조상태를 유지한다. ② 골재 마감층 이외에 방수층은 전체 면적 또는 분리된 구간별로 연속적으로 작업하여 완료한다. ③ 당일 작업으로 완료할 수 있는 공사 물량을 산정하고 계획하여 착수하고, 당일에 작업을 완료한다. ④ 용융 아스팔트 방수는 기온이 4℃ 이상일 때 작업한다. ⑤ 적정 온도보다 10℃ 이상으로 한 시간 이상 가열한 아스팔트는 작업장 밖으로 폐기한다.
아스팔트 싱글 시공 시 고려사항	① 아스팔트 싱글을 목조지붕에 방수층으로 사용할 경우에는 지붕의 경사가 1/3 ~ 3/4 이내인 지붕에 한하여 적용한다. ② 유리섬유 제품의 아스팔트 싱글은 풍압에 대한 고려가 필요하지 않은 일반적인 경우에는 9.27kg/m^2 이상인 제품을 사용하고, 풍압에 대한 고려가 필요한 경우에는 12.5kg/m^2 이상의 제품을 사용한다. ③ 아스팔트 싱글은 싱글용 못이나 거멀못으로 고정한다.

④ 지붕널에서의 설치: 아스팔트 싱글 작업은 지붕 경사면과 직교방향으로 설치하며, 전체적인 작업의 진행은 대각선 방향으로 지붕의 상부쪽 방향으로 진행한다.

⑤ 아스팔트 싱글용 못이나 거멀못은 아연 제품 또는 아연도 제품을 사용하고, 공장에서 접착제가 도포된 부분에는 못질을 하지 않는다.

⑥ 못은 싱글의 모서리로부터 50mm 지점에 위치한다.

⑦ 못의 사용량은 싱글 형태에 관계없이 싱글 한 장에 4개씩 사용한다.

핵심 03 홈통에서 우수의 흐름 순서 ★☆☆

처마홈통 ⇨ 깔때기홈통 ⇨ 장식홈통 ⇨ 선홈통 ⇨ 낙수받이통

핵심 04 홈통 시공 ★★☆

홈통의 구성요소	처마홈통	① 처마 끝에 수평으로 설치하여 빗물을 받는 홈통 ② 처마홈통의 폭은 최소 100mm 이상으로 제작하고, 폭(최대폭)과 깊이의 비례는 최소 4(폭) : 3(깊이)의 비례로 제작 ③ 처마홈통의 신축이음은 매 15m 간격으로 설치하고, 연속적인 외관을 위하여 신축이음 사이의 공간은 처마홈통과 동일한 재료를 사용하여 밀봉 ④ 처마홈통의 이음부는 겹침부분이 최소 30mm 이상 겹치도록 제작하고, 연결철물은 최대 50mm 이하의 간격으로 설치·고정
	깔때기홈통	① 처마홈통에서 선홈통까지 연결하는 경사홈통 ② 처마홈통 연결관과 선홈통 연결부의 겹침길이는 최소 100mm 이상
	장식홈통	① 깔때기홈통과 선홈통 사이에 설치하여 장식적으로 연결하는 홈통이다. ② 유수의 방향 전환 및 유수가 넘쳐서 흐르는 것을 방지
	선홈통	① 처마홈통에서 내려오는 빗물을 지상으로 유도하는 수직홈통 ② 선홈통은 최장 길이 3,000mm 이하로 제작·설치 ③ 선홈통과 벽면 사이의 이격거리는 최소 30mm 이상의 간격을 유지
기타 홈통	지붕골홈통	두 개의 지붕면이 만나는 자리 또는 지붕면과 벽면이 만나는 수평지붕골에 쓰이는 홈통
	누인홈통	위(상부)층 선홈통의 빗물을 받아 아래(하부)층 지붕의 처마홈통이나 선홈통에 넘겨주는 홈통

빈칸 채우기로 CHAPTER 마무리

❶ 지붕 재료의 요구조건: 흡수율이 (   ) 동해를 받지 않고 외력에 저항성이 (   )
한다.

❷ 처마홈통의 이음부는 겹침부분이 최소 (   )mm 이상 겹치도록 제작하고, 연결철물은 최대
50mm 이하의 간격으로 설치·고정해야 한다.

❸ (   )홈통은 깔때기홈통과 선홈통 사이에 설치하여 장식적으로 연결하는 홈통이다.

❹ (   )홈통은 처마홈통에서 내려오는 빗물을 지상으로 유도하는 수직홈통이다.

❺ (   )홈통은 위(상부)층 선홈통의 빗물을 받아 아래(하부)층 지붕의 처마홈통이나 선홈통에
넘겨주는 홈통이다.

① 작아 / 커야   ② 30   ③ 장식   ④ 선   ⑤ 누인

▶ **연계학습** | 에듀윌 기본서 1차 [공동주택시설개론 上] p.363 회독체크 1 2 3

CHAPTER 미리보기

01 창호 일반사항 ★★☆   04 유리의 종류 ★★☆
02 창호의 분류 ★★☆   05 유리공사의 일반사항 ★★☆
03 창호철물 ★★★

핵심 **01** **창호 일반사항** ★★☆

1. 용어정리

박배	창문을 돌쩌귀나 경첩을 이용하여 창문틀에 다는 작업
마중대	미닫이, 여닫이문에서 서로 맞닿는 선대
여밈대	미서기, 오르내리창이 서로 여며지는 선대
풍소란	마중대와 여밈대가 서로 접하는 부분의 틈새에 댄 바람막이로, 방풍 목적으로 사용
멀리온	창면적이 클 때, 창의 보강 및 미관을 목적으로 사용하는 보강재
개스킷	유리끼우기에 사용되는 탄성재로 방수성, 기밀성을 갖는 밀봉재

2. 알루미늄 창호

특징	① 비중이 철의 1/3 정도로 가볍다. ② 공작이 자유롭고 착색이 가능하다. ③ 기밀성, 수밀성이 좋다. ④ 여닫음이 경쾌하고 내구적이며 미려하다. ⑤ 모르타르, 콘크리트 등 알칼리에 약하다. ⑥ 이질 금속재와 접촉하면 전기화학작용으로 부식된다. ⑦ 강도가 작고, 내화성이 약하다.

설치 시 고려사항	① 창호의 치수표시는 창틀의 폭 및 높이의 내부치수로 한다. ② 앵커는 미리 콘크리트에 매입된 철물에 용접하고, 창호설치를 실시한다. ③ 외부 창호 주위의 충전 모르타르에 사용하는 방수제는 염화칼슘 등 금속을 부식시키는 것은 피하여야 한다. ④ 알루미늄 표면이 부식을 일으키는 다른 금속과 직접 접촉하는 것을 피한다. ⑤ 알루미늄재가 모르타르 등 알칼리성 재료와 접하는 곳에는 내알칼리성 도장을 한다.

핵심 02 **창호의 분류** ★★☆

1. 개폐방식(기능)에 의한 분류

미닫이창호	문짝을 상·하 문틀에 홈을 파서 끼우고, 옆벽에 문짝을 몰아 붙이는 문으로, 외미닫이나 쌍미닫이 달기로 함
미세기(미서기) 창호	미닫이문과 거의 같은 구조로 홈을 두 줄 파서 문 두 짝을 달고, 문 한 짝을 다른 한 짝 옆에 밀어 붙이게 한 창호
여닫이창호	문의 한쪽에 지도리(경첩, 돌쩌귀)를 달아서 여닫을 수 있게 한 문
자재문	문에 자유경첩을 달아 안팎으로 자유롭게 여닫을 수 있게 한 문으로, 문닫기에는 편리하나 문단속이 불완전
접문(홀딩도어)	여러 장의 문을 경첩으로 연결하고, 상부에 도어행거를 사용하여 방의 가변적 구획을 위한 문
회전문	옥내와 옥외의 공기유출을 방지하고 통풍과 기류를 조절하여 방풍 및 출입인원을 통제하는 것이 목적
오르내리창	수직 홈에 문을 달아 상하로 슬라이딩시키는 창으로, 추를 매달아 균형을 유지할 수 있도록 한 창

2. 구성방식에 의한 분류

플러시문	울거미를 짜고 중간살을 25cm 정도의 간격으로 배치하여 양면에 합판을 부착한 문
비늘살창호 (갤러리창호, Louver Door)	① 울거미를 짜고 그 안쪽에 얇고 넓은 살을 45° 방향으로 빗대어 댄 창호 ② 차양과 통풍을 목적으로 사용
무테문	① 문짝을 투명 강화유리나 아크릴판으로 하고, 상·하단에 스테인리스 스틸 등으로 보강테를 댄 형태 ② 백화점, 사무실 등의 출입문에 주로 설치

아코디언 도어	① 아코디언의 몸통처럼 접었다 폈다 하면서 여닫을 수 있는 커튼 모양의 칸막이문	
	② 넓은 공간의 실을 필요에 따라 구분할 수 있는 칸막이문으로 이용	
주름문	① 창살형의 문으로 세로살을 마름모형의 팔대로 연결하여 그 끝이 세로살의 옆을 끌어당겨 줄어들게 한 것	
	② 자동차의 차고나 승강기 등에 방범의 목적으로 사용	

핵심 03 창호철물 ★★★

1. 지지철물

종류	특징
경첩(Hinge)	여닫이창호에서 문짝을 문틀에 달아 여닫게 하는 철물
자유경첩 (Spring Hinge)	① 스프링을 장치하여 안팎으로 자유로이 여닫게 하는 경첩 ② 외자유경첩과 양자유경첩이 있으며 경량자재문에 사용
피봇힌지 (Pivot Hinge)	① 장부(丈夫)를 구멍에 끼워 돌게 한 철물 ② 가장 무거운 중량 여닫이문에 사용
플로어힌지 (Floor Hinge)	① 스프링장치를 바닥에 묻고 상부의 지도리를 축대로 하여 문이 열리면 자동으로 닫히게 한 장치 ② 대형 현관문과 같이 경첩으로 지탱하기 힘든 중량의 자재문에 사용
레버토리힌지 (Lavatory Hinge)	① 열려진 여닫이문이 자동으로 닫히지만 10 ~ 15cm 정도는 열려 있게 한 경첩 ② 공중전화 박스, 공중화장실 등의 여닫이 출입문에 사용
도어행거 (Door Hanger)	접문의 상부에 부착되어 있는 이동장치

2. 여닫음 조정기

종류	특징
도어체크 (Door Check, Door Closer)	문과 문틀에 장치하여 열려진 여닫이문이 자동적으로 조용히 닫히게 하는 장치
도어스톱 (Door Stop)	문을 열어서 고정하거나 열려진 여닫이문을 받쳐서 충돌에 의한 벽의 파손을 방지하는 철물

문버팀쇠 (Door Stay)	열려진 여닫이문을 적당한 위치에 버티어 고정하는 철물
창개폐조정기 (Sash Adjuster)	여닫이창을 열어 젖혀 바람에 휘날리지 않게 고정하는 장치

3. 잠금장치

종류	특징
실린더 자물쇠 (Cylinder Lock)	여닫이문의 손잡이로 버튼을 눌러 잠금을 할 수 있는 철물
나이트래치 (Night Latch Lock)	외부에서는 열쇠로, 내부에서는 작은 손잡이로 개폐할 수 있는 여닫이문의 잠금장치
크레센트 (Crescent)	오르내리창이나 미서기창의 잠금장치
도어체인	여닫이문이 일정 한도 이상 열리지 않도록 하는 철물

핵심 04 **유리의 종류** ★★☆

보통판유리	① 보통 창유리의 강도란 휨강도를 의미한다. ② 반영구적이고, 빛 투과율이 90% 이상이다. ③ 열에 약하고 열팽창률이 크다.
복층유리	① 2장 또는 3장의 판유리를 일정한 간격으로 겹치고 기밀하게 금속테두리를 한 다음 유리 사이에 내부 공기를 봉입한 유리 ② 단열 및 차음성이 좋고 결로가 발생하지 않는다.
강화유리	① 보통판유리를 600℃~800℃ 정도로 가열한 다음 균등하게 급격히 냉각시켜 열처리한 안전유리 ② 휨강도가 보통 유리의 6배 정도로, 충격에 강하다.
망입유리	① 유리 내부에 금속망(철, 놋쇠, 알루미늄)을 삽입·압축 성형한 유리 ② 방화용, 방도용으로 사용한다.
접합유리	두 장이나 그 이상의 판유리 사이에 접합필름을 삽입하여 가열·압착한 유리로, 파편이 날리지 않아 안전하고, 방탄유리, 고층건물에 주로 사용된다.
유리블록	① 사각형이나 원형 모양의 유리 두 개를 잘 맞추어 저압공기를 넣고 녹인 물유리를 양면에 모르타르가 잘 부착되도록 합성수지 풀로 돌가루를 붙여 고온에서 용착시켜 속이 빈 상자모양으로 만든 것 ② 열전도율이 작고, 계단실 채광과 구조 겸용으로 사용한다.

스팬드럴 유리	① 판유리의 한쪽 면에 세라믹질 도료를 코팅하여 만든 불투명의 강화유리로, 다양한 색을 가지며 반영구적 사용이 가능하다. ② 건물의 외벽에 있어서 창대에서 그 아래층의 창인방까지의 사이에 있는 벽 (스팬드럴) 부분의 보나 기둥, 기타 구조재 등을 감추기 위해 사용한다.
로이유리	① 한쪽 면에 얇은 은막을 코팅한 에너지 절약형 유리 ② 가시광선의 투과율을 높여 자연채광이 극대화된다. ③ 열의 이동을 최소화시켜 겨울철에는 건물 내의 장파장의 열선을 실내로 재반사시켜 보온성능을 증대시키고, 여름철에는 바깥 열기를 차단하여 냉방부하를 저감시킨다.

핵심 05 유리공사의 일반사항 ★★☆

안전유리의 종류	① 접합유리 ② 강화유리 ③ 망입유리
현장에서 절단이 불가능한 유리	① 강화유리 ② 복층유리 ③ 유리블록 ④ 로이유리 ⑤ 배강도유리
유리시공 시 주의사항	① 항상 4℃ 이상의 기온에서 시공한다. ② 시공 도중에 김이 서리지 않도록 환기를 해야 하며, 실란트 작업의 경우 상대습도 90% 이상이면 작업하지 않는다. ③ 창호의 배수 구멍이 막히지 않도록 해야 하며, 배수 구멍은 일반적으로 5mm 이상의 직경으로 2개 이상으로 한다. ④ 복층유리는 20매 이상 겹쳐서 적치하여서는 안 되며, 각각의 판유리 사이에 완충재를 두어 보관한다. ⑤ 세팅블록은 유리폭의 1/4 지점에 각각 1개씩 설치하여 유리의 하단부가 하부 프레임에 닿지 않도록 한다. ⑥ 유리 끼우기 공사는 실내마감공사 전에 설치한다. ⑦ 유리는 먼지가 끼지 않게 무늬가 돋은 면 또는 흐림 갈기면이 실내 측에 오도록 끼운다.

빈칸 채우기로 CHAPTER 마무리

❶ (   )은 창면적이 클 때, 창의 보강 및 미관을 목적으로 사용하는 보강재이다.

❷ 알루미늄 창호는 모르타르, 콘크리트 등 알칼리에 (   ).

❸ (   )창호는 문짝을 상하 문틀에 홈을 파서 끼우고, 옆벽에 문짝을 몰아붙이거나 이중벽 중간에 몰아넣는 식의 문이다.

❹ (   )은 울거미를 짜고 중간살을 25cm 정도의 간격으로 배치하여 양면에 합판을 부착한 문이다.

❺ (   )는 스프링장치를 바닥에 묻고 상부의 지도리를 축대로 하여 문이 열리면 자동으로 닫히게 한 장치이다.

❻ (   )는 한쪽 면에 얇은 은막을 코팅한 에너지 절약형 유리로, 가시광선의 투과율을 높여 자연채광이 극대화된다.

❼ 복층유리는 (   )매 이상 겹쳐서 적치하여서는 안 되며, 각각의 판유리 사이에 완충재를 두어 보관한다.

정답

① 멀리온   ② 약하다   ③ 미닫이   ④ 플러시문   ⑤ 플로어힌지   ⑥ 로이유리   ⑦ 20

CHAPTER 미리보기

01 미장재료의 구분 ★☆☆   05 타일공사의 일반사항 ★★★
02 미장시공 시 조건 ★★★   06 타일 줄눈 너비의 표준 ★☆☆
03 미장재료별 바름공법 ★★☆   07 타일붙임공법 ★★★
04 금속철물의 종류 ★☆☆

핵심 01 미장재료의 구분 ★☆☆

수경성	① 물과 화학반응하여 경화하는 것 ② 시멘트 모르타르, 석고성 플라스터, 인조석 및 테라조 바름재 등
기경성	① 공기 중의 탄산가스(CO_2)와 반응하여 경화하는 것 ② 진흙, 회반죽, 돌로마이트(석회성) 플라스터, 아스팔트 모르타르, 마그네시아 시멘트 등

핵심 02 미장시공 시 조건 ★★★

시공 시 주의사항	① 콘크리트 바탕은 잘 청소하고 충분히 건조시킨 후 초벌바름을 시작한다. ② 바탕면은 거칠게 하여 부착력을 증대시킨다. ③ 바탕에 가까운 바름층일수록 부배합, 정벌바름에 가까울수록 빈배합이 원칙이다. ④ 바름두께를 얇게 하여 여러 번 바르는 것이 좋다. ⑤ 마감바르기는 면이 평활하여야 한다. ⑥ 상당히 긴 벽면의 미장면에는 신축줄눈을 설치하고 미장바름을 한다. ⑦ 개구부 주변의 바탕면에는 메탈 라스를 설치하고 미장바름을 한다.
바름순서	① 위에서 아래로 시공 ② **실내:** 천장 ⇨ 벽 ⇨ 바닥, **외벽:** 옥상난간 ⇨ 지층 ③ 벽과 수평으로 교차되는 처마 밑, 반자·차양 밑 등을 먼저 바르고 그 밑벽의 순으로 바르는 것이 원칙

		④ 천장돌림, 벽돌림 등의 규준이 되는 부분을 먼저 정확히 바른 후 천장, 벽면 등의 넓은 면을 바르는 순으로 한다.
보양	시공 전	① 바름작업 전에 근접한 다른 부재나 마감면 등이 오염 또는 손상되지 않도록 종이붙임, 널대기, 포장덮기, 거적덮기, 폴리에틸렌 필름 덮기 등으로 적절하게 보양한다. ② 바름면의 오염방지 외에 조기건조를 방지하기 위해 통풍이나 일조를 피할 수 있도록 한다.
	시공 중	① 미장바름 주변의 온도가 5℃ 이하일 때는 원칙적으로 공사를 중단하거나 난방하여 5℃ 이상으로 유지한다. ② 강우, 강풍 혹은 주위의 작업으로 인하여 바름작업에 지장이 있는 경우에는 작업을 중지한다. ③ 공사 중에는 주변의 다른 부재나 작업면이 오염 또는 손상되지 않도록 적절하게 보양한다.
	시공 후	① 바람 등에 의하여 작업장소에 먼지가 날려 작업면에 부착될 우려가 있는 경우에는 방풍보양한다. ② 조기에 건조될 우려가 있는 경우에는 통풍이나 일사를 피하도록 시트 등으로 가려서 보양한다.

핵심 03 미장재료별 바름공법 ★★☆

시멘트 모르타르 바름	① 시멘트, 물, 모래 및 기타 혼화재료 등을 혼합한 것을 사용한다. ② 모래는 시공성이 허용하는 한 거친 입자의 것을 사용한다. ③ 콘크리트, 콘크리트 블록 등의 바탕으로 덧붙임 손질을 요하는 것은 바탕바름에 나타내는 모르타르로 요철을 조정하고, 긁어놓은 다음 2주 이상 가능한 한 오래 방치한다. ④ 바탕은 바름하기 직전에 잘 청소하고, 콘크리트, 콘크리트 블록 등은 미리 물로 적시고 바탕의 물 흡수를 조정하고 나서 초벌바름한다. ⑤ 바름두께는 바탕의 표면부터 측정하는 것으로, 라스먹임의 바름두께를 포함하지 않는다. ⑥ 매회 바름은 초벌, 재벌, 정벌 순서로 하며 1회 두께는 바닥을 제외하고 얇게 여러 번 바르는 것이 좋다. ⑦ **바름 부분별 총바름 두께:** 외벽·바닥 두께 ⇨ 24mm 이하, 안벽 ⇨ 18mm 이하, 천장·차양 ⇨ 15mm 이하 ⑧ 바름두께가 너무 두껍거나 요철이 심할 때는 고름질을 한다. ⑨ 고름질 후에는 쇠갈퀴 등으로 전면을 거칠게 긁어 놓는다.

석고 플라스터 바름	① 석고는 미장재료 중 경화속도가 가장 빠르고, 경석고플라스터(킨즈시멘트)는 미장재료 중에서 가장 균열이 적은 재료이다. ② 초벌바름이 시멘트 모르타르 바름인 경우에는 2주 이상 양생한다. ③ 바름작업 중에는 될 수 있는 한 통풍을 방지하고 작업 후에도 석고가 굳어질 때까지는 심한 통풍을 피하도록 하고, 그 후는 적당한 통풍으로 바름면을 건조시킨다. ④ 실내온도가 5℃ 이하일 때는 공사를 중단하거나 난방하여 5℃ 이상을 유지한다. ⑤ 정벌바름 후 난방할 때는 바름면이 오염되지 않도록 주의하고, 실내를 밀폐하지 않고 가열과 동시에 환기하여 바름면이 서서히 건조되도록 한다.
돌로마이트 플라스터 바름	① 점성이 커서 해초풀은 사용하지 않는다. ② 경화가 느리나 점도가 커서 시공이 용이하다. ③ 균열 정도가 크기 때문에 지하실 등의 마무리에는 좋지 않다.
온수온돌 마감 모르타르 바름	① 실내부는 작업 중 주위의 온도를 5℃ 이상으로 유지한다. ② 배합된 경량기포 콘크리트는 1시간 이내에 시공한다. ③ 온돌층 내부 공사를 완전히 완료하고, 이를 확인한 후에 모르타르 바르기를 시작한다. ④ 모르타르 바르기 하루 전에 바탕층에 충분히 살수하여 모르타르의 수분이 하부로 이동하는 것을 방지한다. ⑤ 온돌바닥 모르타르 바르기의 미장마감 횟수는 최소 3회 이상으로 하며, 고름작업은 미장 횟수에 포함하지 않는다. ⑥ 온돌바닥 모르타르 바르기의 최종 미장은 미장기계나 쇠흙손을 사용하여 마감한다. ⑦ 각 미장 횟수별 시기는 표면에 물기가 걷힌 상태에서 하고, 흙손자국이 남지 않도록 한다.

핵심 04 금속철물의 종류 ★☆☆

논슬립	계단의 디딤판 끝부분에 설치하여 미끄러지지 않게 하는 철물
코너비드	기둥, 벽체의 모서리 면, 각진 면, 구석 면의 미장보호를 위해 사용하는 철물
인서트	행거볼트 부착을 위해 미리 콘크리트에 매입한 철물
와이어 메시	철선을 전기용접하여 격자형으로 만든 것으로 콘크리트 바닥판, 콘크리트 포장 등의 균열방지에 사용
와이어 라스	철선을 꼬아서 만든 철망으로 벽, 천장의 미장바름에 사용
메탈 라스	얇은 철판에 자름금을 내어 당겨 늘린 것으로 벽의 미장바름에 사용
펀칭 메탈	얇은 철판에 각종 모양을 도려낸 것으로 장식용, 라지에이터 등에 사용

타일종류	① 도기질타일: 소성온도가 낮아 흡수성이 높다. ② 자기질타일: 소성온도가 높고, 흡수성이 작으며, 기계적 강도가 크고, 내식성 및 내열성이 우수하다.
사용재료	① 타일은 충분한 뒷굽이 붙어 있는 것을 사용하고, 뒷면은 유약이 묻지 않고 거친 것을 사용 ② 바닥용 타일은 유약을 바르지 않고 재질은 자기질 또는 석기질로 한다. ③ 모르타르는 건비빔한 후 3시간 이내에 사용하며, 물을 부어 반죽한 후 1시간 이내에 사용하고, 1시간 이상 경과한 것은 사용하지 않는다. ④ 모르타르 배합비는 경질타일은 1 : 2, 연질타일은 1 : 3 정도
바탕처리	① 바탕 모르타르를 바른 후 타일을 붙일 때까지 여름철(외기온도 25℃ 이상)에는 3~4일 이상, 봄·가을(외기온도 10℃ 이상, 20℃ 이하)에는 1주일 이상의 기간을 두어야 한다. ② 바닥면은 물고임이 없도록 구배를 유지하되, 1/100을 넘지 않도록 한다. ③ 타일을 붙이기 전에 바탕의 들뜸, 균열 등을 검사하여 불량 부분은 보수한다. ④ 여름에 외장타일을 붙일 경우에는 하루 전에 바탕면에 물을 충분히 적셔둔다. ⑤ 타일붙임 바탕의 건조상태에 따라 뿜칠 또는 솔을 사용하여 물을 골고루 뿌린다. ⑥ 흡수성이 있는 타일은 제조업자의 시방에 따라 물을 축여 사용한다. ⑦ 타일을 붙이는 모르타르에 시멘트 가루를 뿌리면 시멘트의 수축이 크기 때문에 타일이 떨어지기 쉽고 백화가 생기기 쉬우므로 뿌리지 않아야 한다.
타일붙이기	① 도면에 명기된 치수에 상관 없이 징두리벽은 온장타일이 되도록 나눈다. ② 벽체타일이 시공되는 경우 바닥타일은 벽체타일을 먼저 붙인 후 시공한다. ③ 외벽타일은 위에서 아래로 붙이고, 내벽타일은 아래에서 위로 붙여 올라간다. ④ 벽타일 붙이기에서 타일 측면이 노출되는 모서리 부위는 코너 타일을 사용하거나 모서리를 가공하여 측면이 직접 보이지 않도록 한다. ⑤ 벽체는 중앙에서 양쪽으로 타일 나누기를 하여 타일 나누기가 최적의 상태가 될 수 있도록 조절한다. ⑥ 창문선, 문선 등 개구부 둘레와 설비기구류와의 마무리 줄눈 너비는 10mm 정도로 한다. ⑦ 타일을 붙이고 3시간이 경과한 후 줄눈파기를 하여 줄눈부분을 충분히 청소하며, 24시간이 경과한 뒤 붙임 모르타르의 경화 정도를 보아 작업 직전에 줄눈 바탕에 물을 뿌려 습윤하게 하여 치장줄눈을 실시한다.

핵심 06 타일 줄눈 너비의 표준 ★☆☆

타일 구분	대형(외부)	대형(내부일반)	소형	모자이크
줄눈 너비	9mm	5 ~ 6mm	3mm	2mm

핵심 07 타일붙임공법 ★★★

떠붙이기	① 타일 뒷면에 모르타르를 두껍게 발라 바탕에 눌러 붙이는 방법 ② 백화가 발생하기 쉽기 때문에 외장용으로는 사용하지 않는 것이 좋다. ③ 다른 붙임공법에 비해 바탕면 고르기를 간단하게 하여도 된다.
압착붙이기	① 평탄하게 마무리한 바탕 모르타르 면에 붙임 모르타르를 바르고, 나무망치 등으로 두들겨 붙이는 방법 ② 타일의 1회 붙임면적은 $1.2m^2$ 이하로 하고, 붙임시간은 모르타르 배합 후 15분 이내로 한다.
개량압착 붙이기	① 평탄하게 마무리한 바탕 모르타르 면에 붙임 모르타르를 바르고, 타일 뒷면에도 붙임 모르타르를 발라 나무망치 등으로 두들겨 붙이는 방법 ② 바탕면 붙임 모르타르의 1회 바름면적은 $1.5m^2$ 이하로 하고 붙임시간은 모르타르 배합 후 30분 이내로 한다.
동시줄눈 붙이기 (밀착붙임공법)	① 타일은 한 장씩 붙이고 반드시 타일면에 수직하여 충격공구로 좌우, 중앙의 3점에 충격을 가하여 붙임 모르타르 안에 타일이 박히도록 붙이는 방법 ② 1회 붙임면적은 $1.5m^2$ 이하로 하고 붙임시간은 20분 이내로 한다.
판형붙이기	낱장붙이기와 같은 방식으로 타일 뒷면에 압착시멘트를 사용한 모르타르를 얹혀서 1장씩 붙여나가며 모르타르가 줄눈에 스며 나오도록 표본누름판을 사용하여 압축하는 방식
접착 붙이기	① 합성수지 계통의 접착제를 바탕에 바르고 타일을 눌러 붙이는 공법 ② 내장공사에 한하여 적용하며, 붙임 바탕면은 여름에는 1주 이상, 기타 계절에는 2주 이상 건조시킨다.

❶ 미장시공 시 바름두께를 (   ) 하여 여러 번 바르는 것이 좋다.

❷ 미장바름 주변의 온도가 (   )℃ 이하일 때는 원칙적으로 공사를 중단하거나 난방하여
   (   )℃ 이상으로 유지한다.

❸ 매회 바름은 초벌, 재벌, 정벌 순서로 하며 1회 두께는 바닥을 제외하고 얇게 (   )mm를
   표준으로 여러 번 바르는 것이 좋다.

❹ (   )는 기둥, 벽체의 모서리 면, 각진 면, 구석 면의 보호를 위해 사용하는 철물이다.

❺ 벽체는 (   )에서 (   )으로 타일 나누기를 하여 타일 나누기가 최적의 상태가
   될 수 있도록 조절한다.

❻ (   )는 타일의 1회 붙임면적은 1.2m² 이하로 하고, 붙임시간은 모르타르 배합 후 15분 이
   내로 한다.

❼ 동시줄눈붙이기는 1회 붙임면적은 (   )m² 이하로 하고 붙임시간은 (   )분 이
   내로 한다.

정답

① 얇게   ② 5 / 5   ③ 6   ④ 코너비드   ⑤ 중앙 / 양쪽   ⑥ 압착붙이기   ⑦ 1.5 / 20

도장 및 수장공사

▶ **연계학습** | 에듀윌 기본서 1차 [공동주택시설개론 上] p.431   회독체크 1 2 3

CHAPTER 미리보기

01 도료의 원료 ★☆☆   04 도장시공 ★★☆
02 도료의 종류 ★★☆   05 도장시공법 및 균열 원인 ★☆☆
03 도료의 보관 ★☆☆   06 벽의 수장공사 ★☆☆

핵심 **01**　**도료의 원료** ★☆☆

안료	① 물, 기름, 기타 용제에 녹지 않는 착색분말로서 색채를 낸다. ② 도막은 불투명하게 하여 표면을 은폐하고 도막의 두께를 더해서 철재의 방청용이나 발광재로 사용한다.
전색제	도료가 액체상태에 있을 때 안료를 분산, 현탁시키고 이어주는 매질의 부분
용제	도막의 구성요소(수지, 유지 및 도료)를 녹여서 적당한 도료상태의 유동성을 만들고, 동식물성 기름을 화학적으로 처리하여 건조성, 내수성을 개선
희석제	휘발성 용제라고도 하며, 도료 자체를 희석하고 솔질이 잘되게 하며, 적당한 휘발성 및 건조속도를 유지
건조제	① 건성유의 건조를 촉진시키는 작용을 하는 것 ② 가열시킨 기름에 용해시킨 연, 망간, 코발트 등이나 상온에서 기름에 용해시킨 연단, 이산화망간, 수산화망간을 사용

핵심 **02**　**도료의 종류** ★★☆

수성 페인트	① **성분**: 안료(카세인) + 아교 또는 전분 + 물 ② 취급이 간편하고 작업성이 좋음 ③ 내알칼리성 도료로 콘크리트, 모르타르면, 회반죽면에 사용 ④ 내구성, 내수성이 작아 옥외에는 사용할 수 없음 ⑤ 에멀션 수성페인트: 수성페인트에 합성수지와 유화제를 섞은 것으로, 내수성 및 내구성이 좋아 내·외부용으로 사용되고, 모르타르면, 회반죽면 등에 광범위하게 사용

유성 페인트	① 성분: 건성유 + 안료 + 희석제 + 건조제 ② 건성유(기름)는 광택과 내구성을 증가시키기 위하여 사용 ③ 건조제는 지나치게 많이 넣으면 도막의 균열이 발생하므로 적당량만 첨가 ④ 경도가 크고, 내후성·내마모성·내수성이 우수하여 옥내·옥외용으로 사용 ⑤ 건조 속도가 느리고 내약품성이 떨어지며, 내열성 및 내알칼리성이 작음
유성 바니시	① 성분: 유용성 수지 + 건성유 + 건조제 ② 건조가 느리며 내후성이 작아서 옥외에 부적당
래커	① 성분: 바니시를 휘발성 용제에 녹인 것 ② 내수성·내후성·내산성·내알칼리성 우수하여 목재면, 금속면 등의 외부용으 로 사용 ③ 건조 속도가 너무 빨라 뿜칠로 시공
에나멜 페인트	① 성분: 안료 + 유성 바니시 + 건조제 ② 건조가 조금 느린 편이나 도막이 유성 페인트보다 두꺼움 ③ 탄성 및 광택이 있으며 변색이 적어서 주로 금속에 사용 ④ 내수성·내후성·경도가 높음
녹막이 페인트	① 광명단: 부식방지용으로, 강재의 초벌용으로 사용 ② 징크로메이트: 알루미늄판의 녹막이 초벌칠에 적당

핵심 03 　도료의 보관 ★☆☆

도료의 보관창고	① 독립된 단층건물로 주위 건물과 1.5m 이상 이격한다. ② 지붕은 불연재료를 사용하고 천장을 설치하지 않는다. ③ 도료 보관 시 바닥은 내화재료를 사용하고 침투성이 없는 재료를 사용한다. ④ 건물 내의 일부를 도료의 저장장소로 이용할 때는 내화구조 또는 방화구조로 구획된 장소를 선택한다.
주의사항	① 가연성 도료는 전용창고에 보관하는 것을 원칙으로 하며, 적절한 보관온도를 유지한다. ② 사용하는 도료는 가능하면 밀봉하여 새거나 엎지르지 않게 한다. ③ 도료가 묻은 헝겊 등 자연발화의 우려가 있는 것을 도료보관 창고 안에 두어서 는 안 되며, 반드시 소각한다.

핵심 04	도장시공 ★★☆

도장공사 시 주의사항	① 도료의 배합비율 및 시너의 희석비율은 질량비로써 표시한다. ② 바탕자체 및 바탕표면이 건조하지 않을 때에는 충분한 양생기간을 두어 충분히 건조시킨 후 그 다음 공정의 작업을 진행한다. ③ 도료를 사용하기 위해 개봉할 때에는 담당원의 입회하에 개봉하는 것이 원칙이다. ④ 용제 처리나 도료의 도장은 반드시 열이 없는 표면에서만 한다. ⑤ 도장면의 각 층은 얇게 여러 번 충분히 바르고, 도막의 균열을 방지하기 위해 서서히 건조시킨다. ⑥ 도장은 매회 도막이 충분히 건조 및 경화된 다음 칠한다. ⑦ 도장 횟수를 구분하기 위해 매회 칠의 색깔을 연한 색에서 진한 색으로 바꾼다. ⑧ 녹, 유해한 부착물 및 노화가 심한 기존의 도막은 완전히 제거한다. ⑨ 도료는 바탕면의 조밀, 흡수성 및 기온의 상승 등에 따라 배합규정의 범위 내에서 도장하기에 적당하도록 조절한다.
도장하지 않는 경우	① 도장하는 장소의 기온이 낮거나 습도가 높고 환기가 충분하지 못하여 도장 건조가 부적당할 때 ② 주위의 기온이 5℃ 미만이거나 상대습도가 85%를 초과할 때 ③ 눈·비가 오거나 안개가 끼었을 때 ④ 강한 바람이 불 때(먼지가 묻게 되므로 외부공사를 하지 않는다) ⑤ 마감된 금속표면(별도의 지시가 없으면 도금된 표면, 스테인리스강, 크롬판, 동, 주석 또는 이와 같은 금속으로 마감된 재료는 도장하지 않는다) ⑥ 야간에 색을 잘못 칠할 염려가 있을 때

핵심 05	도장시공법 및 균열 원인 ★☆☆

뿜칠 (Spray Gun)	① 초기건조가 빠른 래커 등을 이용한다. ② 뿜도장거리는 뿜도장면에서 300mm를 표준으로 한다. ③ 항상 평행이동하면서 운행의 한 줄마다 뿜도장 너비의 1/3 정도를 겹친다. ④ 각 회의 뿜도장 방향은 전 회의 방향에 직각이 되게 한다.
도장 균열의 원인	① 건조제를 과다하게 사용할 경우 ② 초벌 건조가 불충분할 경우 ③ 초벌칠과 재벌칠의 재질이 다를 경우 ④ 배합이 부적절한 경우 ⑤ 기온차가 심한 경우 ⑥ 금속면에 탄력성이 적은 도료를 사용할 경우

징두리판벽	벽의 하부를 '징두리'라고 하며, 징두리판벽은 내벽 하부를 보호하기 위해 내벽 하부에서 높이 1 ~ 1.5m 부분 아래까지 설치한 판벽을 말한다.
걸레받이	① 내벽의 굽도리와 바닥이 맞닿는 곳에 가로로 댄 것으로, 벽 밑과 마루부분이 접하는 부분의 경우 오염이 되기 쉬우므로 벽면을 보호하고, 청소 시 벽면의 더러워짐을 방지하는 역할을 한다. ② 높이는 바닥에서 100 ~ 200mm 정도
고막이	① 지면으로부터 높이 500mm 정도의 외벽 하부를 벽면에서 10~30mm 정도 나오게 하거나 들어가게 한 것 ② 외부벽의 더러워지기 쉬운 밑부분과 윗부분을 구분하고, 건물의 하부가 튼튼한 감을 주기 위해 설치한다.
코펜하겐 리브	① 시초와 달리 현재는 음향조절 및 장식효과가 목적 ② 리브의 너비는 약 10cm 이하이므로 요철부분이나 벽면 전체의 곡면처리에도 용이
석고보드	① 주원료인 소석고에 톱밥, 섬유, 펄라이트 등을 혼합하고, 경우에 따라 발포제를 첨가하여 물로 반죽하여 풀 상태로 만든 것 ② 내열성이 우수한 두꺼운 종이를 밀착하여 판으로 압축시킨 것으로 준불연재료이다. ③ **경량벽체 시공순서**: 먹매김 ⇨ 런너 설치 ⇨ 스터드(경량철골) 설치 ⇨ 한 면 석고보드 부착 ⇨ 단열재 설치 ⇨ 반대면(이음면) 석고보드 부착 ⇨ 이음매 처리 ⇨ 걸레받이 설치

빈칸 채우기로 CHAPTER 마무리

❶ 수성페인트는 내구성, 내수성이 (   ) 옥외에는 사용할 수 (   ).

❷ 유성페인트는 건조 속도가 느리고 내약품성이 떨어지며, 내열성 및 내알칼리성이 (   ).

❸ (   )은 부식방지용으로, 강재의 초벌용으로 사용한다.

❹ 도료의 배합비율 및 시너의 희석비율은 (   )로써 표시한다.

❺ 뿜도장거리는 뿜도장면에서 (   )mm를 표준으로 한다.

❻ (   )는 내벽의 굽도리와 바닥이 맞닿는 곳에 가로로 댄 것으로, 벽 밑과 마루부분이 접하는 부분의 경우 오염이 되기 쉬우므로 벽면을 보호하고, 청소 시 벽면의 더러워짐을 방지하는 역할을 한다. 높이는 바닥에서 100 ~ 200mm 정도이다.

정답

① 작아 / 없다　② 작다　③ 광명단　④ 질량비　⑤ 300　⑥ 걸레받이

CHAPTER 미리보기

01 용어정리 ★★★

02 공사가격의 구성요소 ★★☆

03 표준품셈 ★★★

04 구조물의 체적 및 면적산정 시 공제 여부 ★☆☆

05 벽돌공사 시 공사량 산출 ★★☆

06 블록량 산출 ★☆☆

07 타일량 산출 ★★☆

핵심 **01** 용어정리 ★★★

적산	공사에 필요한 재료와 품의 수량, 즉 물량(공사량)을 산출하는 작업으로 물량산출의 기술적 행위
견적	적산에 의한 공사량에 단가를 적용하여 공사비를 산출하는 것으로, 수량과 비용을 감안한 종합적인 행위
명세견적	완비된 설계도서, 현장설명, 질의응답 등을 통하여 정밀하게 적산과 견적을 실시하여 정확한 공사비를 산출하는 것
개산견적	정밀 산출시간의 부족 또는 설계도서가 미비할 경우 과거의 유사한 건물의 통계실적을 토대로 개략적인 공사비를 산출하는 것
실행예산	건설회사에서 공사를 수행하기 위한 소요공사비

핵심 **02** 공사가격의 구성요소 ★★☆

1. 공사비의 구성

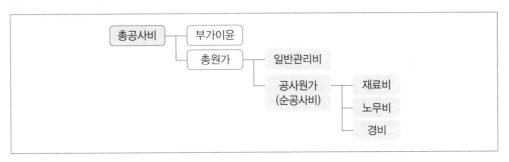

2. 공사비목

공사비목		비목 내용
재료비	직접재료비	공사목적물의 실체를 형성하는 재료구매 관계 비용
	간접재료비	실체는 형성하지 않으나 보조적으로 소비되는 공구나 비품 등의 재료비
노무비	직접노무비	공사목적물을 완성하기 위하여 직접 작업에 종사하는 노무자에게 지급하는 비용
	간접노무비	공사현장의 보조작업에 종사하는 노무자나 현장직원에게 지급하는 비용
경비		① 공사목적물을 완성하는 데 필요한 재료비, 노무비, 외주비를 제외한 모든 비용 ② 전력비, 운반비, 보험료, 기계경비, 안전관리비, 공통가설비, 연구개발비, 기술료 등
일반관리비		① 기업의 유지를 위한 관리활동에 필요한 비용 ② 임직원 급료, 본사직원 급료 등 ③ 일반관리비 = (재료비 + 노무비 + 경비) × 비율(5 ~ 6% 적용)

핵심 03 **표준품셈** ★★★

일반사항	① 표준품셈이란 단위작업당 소요되는 재료수량, 노무량 및 장비사용시간 등을 수치로 표시한 견적기준을 말한다. ② 건설공사의 예정가격 산정 시 공사규모, 공사기간 및 현장조건 등을 감안하여 가장 합리적인 공법을 채택한다. ③ 1일 작업시간은 8시간을 기준으로 한다. ④ 철근콘크리트의 일반적인 추정단위중량은 $2.4t/m^3$이다.
할증률	
	1% | 유리
	2% | 시멘트, 도료
	3% | 자기 · 도기 · 모자이크타일, 점토(붉은)벽돌, 슬레이트, 이형철근, 고장력볼트, 합판(일반용)
	4% | 콘크리트(시멘트)블록
	5% | 목재(각재), 아스팔트 · 리놀륨타일, 석고보드(못붙임용), 텍스, 원형철근, 일반볼트, 강관, 소형형강, 콘크리트(시멘트)벽돌, 수장용 합판
	7% | 대형형강
	10% | 단열재, 강판, 목재(판재), 석재(정형돌)

핵심 04 구조물의 체적 및 면적산정 시 공제 여부 ★☆☆

공제하지 않는 경우	① 콘크리트 구조물 중의 말뚝머리 ② 강구조물의 리벳 구멍 ③ 이음줄눈의 간격 ④ 철근콘크리트 중의 철근 ⑤ 바닥타일면적은 구조체의 안목치수를 기준으로 산정하며 변기 등 위생기구의 　면적
공제하는 경우	① 철근콘크리트에서 기둥 높이는 바닥판 두께를 뺀 것, 벽면적은 기둥과 보의 　면적을 뺀 것 ② 조적조에서 인방보 설치 시 벽체면적에서 인방보의 면적은 공제 ③ 기둥에 접한 보의 면적은 미장바름 면적에서 공제함이 원칙 ④ 거푸집 면적 산정 시 벽면적은 기둥과 보의 면적을 뺀 것

핵심 05 벽돌공사 시 공사량 산출 ★★☆

1. 벽돌수량(매) 산출

벽돌 정미량	벽면적(벽길이 × 벽높이 − 개구부 면적) × 단위수량
단위수량	① 표준형 벽돌 1.0B: 149매 ② 기존형 벽돌 1.0B: 130매

2. 모르타르량(m^3) 산출

모르타르량	$\dfrac{\text{벽돌의 정미량}}{1,000\text{장}} \times$ 단위수량
단위수량	① 표준형 벽돌: 0.5B(0.25m^3), 1.0B(0.33m^3), 1.5B(0.35m^3) ② 기존형 벽돌: 0.5B(0.30m^3), 1.0B(0.37m^3), 1.5B(0.40m^3)

블록량 산출 ★☆☆

블록량(매)	벽면적(벽길이 × 벽높이 − 개구부 면적) × 단위수량
단위수량	① 기본형 블록: 13매
	② 장려형 블록: 17매

타일량 산출 ★★☆

$$타일 \ 수량(장) = \frac{시공면적}{(타일 \ 세로길이 + 세로줄눈) \times (타일 \ 가로길이 + 가로줄눈)}$$

빈칸 채우기로 CHAPTER 마무리

❶ (   )은 완비된 설계도서, 현장설명, 질의응답 등을 통하여 정밀하게 적산과 견적을 실시하여 정확한 공사비를 산출하는 것이다.

❷ (   )는 기업의 유지를 위한 관리활동에 필요한 비용이다.

❸ (   )이란 단위작업당 소요되는 재료수량, 노무량 및 장비사용시간 등을 수치로 표시한 견적 기준을 말한다.

❹ 1일 작업시간은 (   )시간을 기준으로 한다.

❺ 유리의 할증률은 (   )%이다.

❻ 콘크리트(시멘트)벽돌의 할증률은 (   )%이다.

❼ 단열재의 할증률은 (   )%이다.

❽ 기둥에 접한 보의 면적은 미장바름 면적에서 (   )함이 원칙이다.

정답

① 명세견적   ② 일반관리비   ③ 표준품셈   ④ 8   ⑤ 1   ⑥ 5   ⑦ 10   ⑧ 공제

PART 2

건축설비

CHAPTER 01 건축설비 총론

CHAPTER 02 급수설비

CHAPTER 03 급탕설비

CHAPTER 04 배수·통기 및 위생기구설비

CHAPTER 05 오수정화설비

CHAPTER 06 가스설비

CHAPTER 07 소방설비

CHAPTER 08 난방 및 냉동설비

CHAPTER 09 공기조화 및 환기설비

CHAPTER 10 전기 및 수송설비

CHAPTER 11 홈네트워크 및 건축물의 에너지절약설계기준

최근 5개년 평균 출제비율

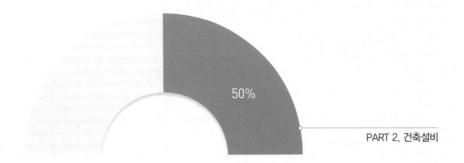

50%

PART 2. 건축설비

최근 5개년 CHAPTER별 평균 출제비율 & 빈출 키워드

CHAPTER	출제비율	빈출 키워드
01. 건축설비 총론	6.0%	설비의 기초이론, 단열계획, 배관재료 및 밸브
02. 급수설비	7.0%	급수설계, 급수방식, 급수배관설계, 펌프
03. 급탕설비	5.0%	급탕설비용 기기, 급탕배관설계
04. 배수·통기 및 위생기구 설비	5.5%	배수설비, 통기설비, 위생기구설비
05. 오수정화설비	2.5%	오수정화설비 개요, 오수처리시설
06. 가스설비	2.0%	도시가스, 가스배관설계
07. 소방설비	5.5%	소화설비, 소화활동설비
08. 난방 및 냉동설비	5.0%	난방설비
09. 공기조화 및 환기설비	1.0%	공기조화설비
10. 전기 및 수송설비	6.5%	전기설비, 수송설비
11. 홈네트워크 및 건축물 에너지절약설계기준	4.0%	홈네트워크설비, 건축물에너지절약설계기준

PART 2 | 합격전략

PART 2. 건축설비는 모든 단원에서 골고루 출제되고 있으며, 급수설비, 배수·통기 및 위생기구설비, 전기 및 수송설비가 가장 높은 출제비율을 보입니다. 주로 작동원리와 전체 개념파악에 관한 내용에서 출제되고 있고, 2~4문제 정도 어렵게 출제되고 있습니다. 단순 암기보다는 이해 위주의 암기가 필요하고, 나무보다 숲을 보는 전략으로 건축설비개론의 전체적인 부분을 체계적으로 정리하는 것이 좋습니다.

▶ **연계학습** | 에듀윌 기본서 1차 [공동주택시설개론 下] p.8 　　　　　　　　　　　　　회독체크 1 2 3

CHAPTER 미리보기

01 용어정리 ★☆☆　　　　　　　　　06 단열공법 ★☆☆
02 기초역학 ★★☆　　　　　　　　　07 결로현상 ★★☆
03 환경요소 ★★☆　　　　　　　　　08 배관재료의 종류 ★★★
04 실내 소음방지(방음) 공사 ★★★　09 밸브류 ★★★
05 전열 ★★☆

핵심 01　용어정리 ★☆☆

현열	상태는 변하지 않고 온도변화에 따라 출입하는 열로, 온수난방에 이용
잠열	온도는 변하지 않고 상태변화에 따라 출입하는 열로, 증기난방에 이용
베르누이의 정리	① 관로에서의 에너지 손실이 없다고 하면, 에너지 보존의 법칙에 따라 관로의 어느 단면에서도 전 수두는 일정하다. ② 물이나 공기의 속도가 빠르면 압력이 낮아지고, 느리면 압력이 높아진다. ③ 유속이 증가하면 유체의 압력이 감소하고, 반대로 유속이 감소하면 압력은 증가한다.
마찰손실수두	① 비례: 관 내면 마찰계수, 관의 길이, 유속의 제곱 ② 반비례: 관지름, 중력가속도

1. 유량$(\mathrm{m}^3/\mathrm{sec})$과 관경$(\mathrm{mm})$

- 유량(Q) = 관의 단면적(A) × 유속(v) = $\dfrac{\pi d^2}{4} \times v$
- 관경(d) = $\sqrt{\dfrac{4Q}{\pi v}}$ = $1.13\sqrt{\dfrac{Q}{v}}$

2. 마찰손실수두(Friction Loss)

$$\text{마찰손실수두} = \frac{\text{마찰계수} \times \text{관의 길이(m)} \times \text{유속}^2\text{(m/s)}}{2 \times \text{중력가속도}(9.8\text{m/s}^2) \times \text{관의 직경(m)}}$$

핵심 **03** 환경요소 ★★☆

1. 용어정리

노점온도 (℃)	① 습공기가 냉각될 때 어느 온도에 다다르면 공기 속의 수분이 수증기의 형태로만 존재할 수 없어 이슬로 맺히는 온도 ② 어떤 공기의 상대습도가 100%가 되는 온도 ③ 공기의 절대습도가 낮을수록 노점온도는 낮아진다.
절대습도 (g/m^3)	① 온도와 관계없이 1m^3의 공기 중에 포함되어 있는 수증기의 중량(g) ② 공기의 가열이나 냉각에 의해 변하지 않으며, 감습이나 가습 시에만 변화한다.
상대습도 (%)	① 공기 중의 수증기량과 그 공기 온도에서의 포화 수증기량에 대한 비율로, 공기를 가열할 경우 포화 수증기량이 증대되므로 상대습도는 낮아지며 공기를 냉각할 경우 상대습도는 높아진다. ② 상대습도가 100%인 포화상태에서는 '건구온도 = 습구온도 = 노점온도'

2. 도일(Degree Day, 度日)

산정식	도일 = Σ(실내평균기온 − 실외평균기온) × 일수 [단위: ℃·day]	
종류	난방도일	어느 지방의 추운 정도를 나타내는 지표로 사용
	냉방도일	어느 지방의 더운 정도를 나타내는 지표로 사용
특징	① 도일이 크면 연료 소비량은 많아지고, 도일이 작을수록 연료 소비량은 적어진다. ② 도일은 그 지방의 연료 소비량을 추정할 수는 있지만, 설비용량을 정확하게 산출할 수는 없다. ③ 도일은 실내온도가 같아도 외기 온도가 다르므로 지역마다 그 값이 다르다.	

핵심 04 실내 소음방지(방음) 공사 ★★★

1. 방음재료의 특징

방음재료		설치위치	특징
공기 전달음	차음재	구조체 (외벽)	① 소리 투과율을 줄이고 투과손실을 크게 할 경우 차음효과가 커진다. ② 흡음률(吸音率)이 낮은 재료(반사재)로 밀실하고 비중이 큰 것을 사용한다. ③ 공기누출 및 통기성(通氣性)이 작은 재료를 사용한다. ④ 이중 벽체를 사용하고, 투광성 차음재인 유리블록을 사용한다. ⑤ 발생 소음원으로부터 격리시키기 위한 장벽은 소음원 가까이에 두어야 효과가 크다.
	흡음재	내부 마감재료	① 흡음률이 높은 재료, 통기성이 높은 재료, 공명성 재료를 사용한다. ② **다공질재료**: 중·고음의 흡음효과가 크다.
고체 전달음	방진재 (제진재)		① 진동발생장비 또는 벽체를 관통하는 배관은 구조체와 직접 접촉하지 않도록 완충재를 사용하여 전달소음을 저감시킨다. ② 기계와 기초 사이에는 방진재를 설치하고, 급배수설비에는 해당층 배관방식을 도입한다. ③ 송풍계통에는 플레넘이나 소음기를 설치한다.

2. 공동주택의 층간소음 기준

소음범위	① 직접충격 소음: 뛰거나 걷는 동작 등으로 인하여 발생하는 소음 ② 공기전달 소음: 텔레비전, 음향기기 등의 사용으로 인하여 발생하는 소음 ③ 욕실, 화장실 및 다용도실 등에서 급수·배수로 인하여 발생하는 소음은 제외 ④ 1분간 등가소음도 및 5분간 등가소음도는 측정한 값 중 가장 높은 값으로 한다. ⑤ 최고소음도는 1시간에 3회 이상 초과할 경우 층간소음 기준을 초과한 것으로 본다.		

소음기준	층간소음의 구분		주간 (06:00~22:00)	야간 (22:00~06:00)
	직접충격 소음	1분간 등가소음도(Leq)	39dB	34dB
		최고소음도(Lmax)	57dB	52dB
	공기전달 소음	5분간 등가소음도(Leq)	45dB	40dB

핵심 05 **전열** ★★☆

열전도	정의	① 고체 내부의 고온 측에서 저온 측으로 열이 이동하는 현상 ② 열전도율의 단위는 $W/m \cdot K$
	특징	① 작은 공극이 많고, 같은 재료일 경우, 벽이 두꺼울수록 열전도율이 작아진다. ② 비중이 작은 재료 또는 밀도가 낮은 재료는 열전도율이 작다. ③ 온도차가 크고, 재료에 습기가 차거나 함수량이 큰 경우, 열전도율이 커진다. ④ 단열재나 보온재는 열전도율이 작은 재료를 사용한다.
열관류	정의	① 고체벽을 사이에 두고 한쪽에서 다른 쪽으로 대류, 전도에 의해 열이 전달되는 현상 ② 열관류율(K)의 단위는 $W/m^2 \cdot K$
	특징	① 벽체와 같은 고체를 통하여 공기에서 공기로 열이 전해지는 정도로, 열전도와 열전달의 총합이다. ② 재료의 두께가 두꺼울수록 열관류율이 작고, 공기층이 기밀할수록 단열의 효과가 우수하다. ③ 겨울철과 여름철의 열관류율은 동일하나 열관류량은 겨울이 크다. ④ 열관류율이 작을수록 단열성능이 우수하므로 단열재나 보온재는 열관류율이 작은 재료를 사용한다.

1. 단열공법의 종류

구분	단열 위치	특징
외단열	구조체 외벽의 외측	① 벽 등에 시공할 경우 실외에 가까운 부분에 단열재를 설치하는 방법으로 단열효과가 우수 ② 열교현상과 결로현상 방지에 효과적 ③ 한랭지와 지속난방에 유리 ④ 시공 및 보수가 어렵고, 공사비가 고가 ⑤ 외부충격에 견디기 위해 보호층 시공 필수
내단열	구조체 외벽의 내측	① 실내의 가까운 부분에 단열재를 설치하는 방법으로 단열효과가 낮다. ② 열교현상과 결로현상 발생 ③ 온난지와 간헐난방에 유리 ④ 시공 및 보수가 쉽고, 공사비 저렴 ⑤ 온도구배를 고려하여 반드시 실내 고온 측에 방습층 설치

2. 단열재의 요구조건

① 열전도율 및 열관류율, 흡수성 및 투습성이 낮아야 한다.
② 비중이 작고, 상온에서 가공이 좋으며, 균질한 품질이 요구된다.
③ 내화성 및 내열성이 우수하고, 부패되지 않아야 한다.
④ 유독가스 발생이 적고 인체에 유해하지 않아야 한다.
⑤ 곡(曲)강도와 압축강도가 우수한 재료여야 한다.

결로현상 ★★☆

원인	① 열관류율이 클수록, 실내외 온도 차이가 클수록 많이 발생 ② 내부벽체 표면온도가 노점온도보다 낮을 때 발생 ③ 생활습관에 의한 환기가 부족할 때 발생 ④ 단열시공이 불량할 때 발생 ⑤ 구조재의 열적 특성(단열의 취약부위)으로 발생 ⑥ 실내습기의 과다발생이나 내부습도가 높을 때 발생
방지대책	① 벽체의 표면온도를 실내공기의 노점온도보다 높게 설계한다. ② 실내 수증기의 발생 원인을 억제한다. ③ 환기계획을 잘하여 실내에 발생하는 수증기를 줄인다. ④ 각 실 간의 온도차가 작은 난방방식을 채택한다. ⑤ 벽체의 단열강화로 열관류저항을 크게 한다. ⑥ 벽체의 실내 고온 측에 방습층을 설치한다. ⑦ 창문의 결로를 막기 위해서는 유리의 복층화와 창틀의 단열이 중요하다.

핵심 08 **배관재료의 종류 ★★★**

주철관		① 내구성·내식성이 우수하여 급배수 설비에 많이 사용한다. ② 충격이나 인장강도에 약하여 주로 저압용에 사용한다.	
강관		① 주철관에 비해 경량이고 내충격이 뛰어나다. ② 굴곡성이 우수하고 접합도 용이하다. ③ 스케일에 의한 부식성이 크고 내용연수가 짧다. ④ 두께는 스케줄 번호로 표시하는데, 번호가 클수록 관의 두께가 두껍다.	
	배관이음	배관을 휠 때	엘보, 벤드
		배관을 도중에서 분기할 때	티, 크로스, 와이
		구경이 같은 관을 직선으로 연결할 때	소켓, 유니온, 니플, 커플링, 플랜지
		구경이 다른 관을 연결할 때	이경소켓, 리듀서, 부싱, 이경엘보, 이경티
		배관의 끝을 막을 때	플러그, 캡

동관	① 유연성이 좋아 시공이 용이하고 내식성이 우수하다. ② 급탕관, 급유관, 냉/난방관, 급유관, 열교환기 등으로 사용한다. ③ **접합방법**: 납땜(연납땜, 경납땜)접합, 플레어접합, 용접접합, 플랜지접합, 유니언접합 등 ④ **KS동관의 표준규격**: K, L, M 타입이 있으며, 두께의 크기는 K > L > M 순서로 K타입의 관경이 가장 두껍다.
연관	① 내식성이 우수하고, 연성이 풍부하여 가공성이 우수하나, 중량이 무겁다. ② 산에는 강하나 알칼리에 약해 콘크리트에 매설 시 방식피복이 필요하다.
경질염화 비닐관 (PVC관)	① 관 표면이 매끄러워 마찰저항손실이 작고, 내면에 스케일이 잘 끼지 않아 급수관, 배수관, 통기관 등에 주로 사용한다. ② 내산성·내알칼리성·내식성이 크고 전기절연성이 우수하다. ③ 내충격 및 내열성이 작고 열팽창률이 커서 온도에 따른 신축이 커, 급탕, 난방, 소화배관 등의 사용에는 곤란하다.

핵심 09 　**밸브류** ★★★

슬루스밸브	① 일명 게이트밸브(Gate Valve)라고도 하며, 유체의 흐름에 의한 마찰손실이 가장 적다. ② 개폐용으로 사용되지만, 유량조절용으로는 부적합하다.
글로브밸브	① 일명 스톱밸브(Stop Valve)라고도 하며, 유체의 흐름에 의한 마찰손실이 가장 크다. ② 유량조절에 적합하다.
체크밸브	① 유체를 한 방향으로만 흐르게 하고, 유체 흐름의 역류를 방지하는 밸브 ② 유량조절은 할 수 없다. ③ 스윙형은 수직·수평배관용, 리프트형은 수평배관용으로 사용한다.
버터플라이밸브	밸브 내부에 있는 원판을 회전시킴으로써 유체의 흐름을 조절하는 밸브
볼밸브	핸들 조작에 따라 볼에 있는 구멍의 방향이 바뀌면서 개폐가 이루어지는 밸브
콕	원추형의 유량조절장치를 0 ~ 90° 사이의 임의 각도만큼 회전시킴으로써 유량을 제어하는 것
플러시밸브	한 번 밸브를 누르면 급수의 압력으로 일정량의 물이 나온 후 자동적으로 잠기는 밸브
스트레이너	펌프나 밸브류 등의 앞에 설치하여 배관 도중에 먼지, 토사, 쇠부스러기 등을 제거하여 밸브를 보호한다.

빈칸 채우기로 CHAPTER 마무리

❶ ( )도일은 어느 지방의 추운 정도를 나타내는 지표로 사용되며, 한랭지역이 온난지역보다 크다.

❷ 차음재는 흡음률(吸音率)이 ( ) 재료(반사재)로, 밀실하고 비중이 ( ) 것을 사용한다.

❸ 공동주택의 층간소음 기준으로 욕실, 화장실 및 다용도실 등에서 급수·배수로 인하여 발생하는 소음은 ( )한다.

❹ 비중이 작은 재료 또는 밀도가 낮은 재료는 열전도율이 ( ).

❺ 열관류율이 ( )수록 단열성능이 우수하다.

❻ 결로현상은 실내외 온도 차이가 ( )수록 많이 발생한다.

❼ 강관의 두께는 ( ) 번호로 표시하는데, 번호가 커질수록 관의 두께가 ( )진다.

❽ ( )는 유체를 한 방향으로만 흐르게 하고, 유체 흐름의 역류를 방지하는 밸브이다.

정답

① 난방　② 낮은 / 큰　③ 제외　④ 작다　⑤ 작을　⑥ 클　⑦ 스케줄 / 두꺼워　⑧ 체크밸브

▶ **연계학습** | 에듀윌 기본서 1차 [공동주택시설개론 下] p.48

CHAPTER 미리보기

01 용수 ★★☆   04 급수배관방식 ★★★

02 급수량과 필요압력 ★☆☆   05 급수오염현상 ★★☆

03 급수방식 ★★★   06 펌프 ★☆☆

핵심 01   용수 ★★☆

1. 수원에서 건물로 공급되는 상수의 흐름 단계

취수(取水) ⇨ 도수(導水) ⇨ 정수(淨水) ⇨ 송수(送水) ⇨ 배수(配水) ⇨ 급수(給水)

⬇

침전 ⇨ 폭기 ⇨ 여과 ⇨ 멸균

2. 탄산칼슘의 함유량에 따른 분류

분류	함유량	특징
극연수	0ppm	증류수 또는 멸균수로, 연관이나 놋쇠관(황동관)을 부식시킨다.
연수	90ppm 이하	세탁 및 보일러 용수에 적합하다.
적수	90 ~ 110ppm	음용수에 적합하다.
경수	110ppm 이상	① 보일러에 사용 시 스케일 형성, 전열효율 저하, 과열의 원인, 수명단축, 보일러의 콕 및 구멍을 막히게 하고, 철판이나 관 등을 부식시킨다. ② 보일러, 음료용, 세탁 및 염색, 제지 공업 등에도 사용이 곤란하다. ③ 경수를 끓이면 일시적으로 연수가 된다.

핵심 02 **급수량과 필요압력** ★☆☆

1. 급수량

급수량 산정	① 급수인원에 의한 산정 ② 건물 연면적에 의한 산정 ③ 위생기구 수에 의한 산정
급수관경 결정	① 급수부하단위(FU)에 의한 결정 ② 기구 연결관의 관경에 의한 결정 ③ 균등표에 의한 결정 ④ 마찰저항선도에 의한 결정

2. 급수압력

위생기구별 최저 급수압력	① 0.055MPa(= 55kPa): 세면기, 싱크, 세정탱크 대변기, 욕조, 세탁기 ② 0.07MPa(= 70kPa): 샤워기 ③ 0.1MPa(= 100kPa): 소변기 밸브, 세정밸브 대변기 ④ 0.13MPa(= 130kPa): 샤워기(압력식, 온도감지 혹은 압력식/온도감지 혼합 밸브)
건물용도별 최고 급수압력	① 아파트 · 호텔 · 병원: $0.3 \sim 0.4$MPa 이하 ② 사무소 · 일반건물: $0.4 \sim 0.5$MPa 이하

핵심 03 **급수방식** ★★★

구분	배관방식	장점	단점
수도직결 방식	상향식	① 급수오염 가능성이 적음 ② 정전 시 급수 가능 ③ 설비비 · 유지비가 저렴	① 급수압 변동으로 급수높이 제한 ② 소규모 건물에 사용 ③ 단수 시 급수가 곤란
고가(옥상) 탱크방식	하향식	① 일정한 높이까지는 일정한 수압으로 급수 가능 ② 취급이 간단하며 대규모 급수설비에 적합 ③ 배관부속품의 파손이 적다. ④ 정전이나 단수 시에도 일정시간 동안 급수가 가능	① 저수조에서의 급수오염 가능성이 큼 ② 미관이 좋지 않고, 구조물 보강계획 필요 ③ 설비비가 높다. ④ 고층부 수전과 저층부 수전의 토출압력이 다르다.

압력탱크 방식	상향식	① 탱크의 설치위치 제한이 없고, 보강계획이 없음 ② 특정부위 고압 필요 시 적합 ③ 외관이 깨끗	① 수압변동이 심하고 조작상 최고·최저의 압력차가 커서 급수압이 불균등 ② 탱크의 압력을 견뎌야 하므로 수조를 정밀하게 제작해야 하므로, 설비비 및 관리비가 고가
부스터 방식 (펌프직송 방식)	상향식	① 자동제어시스템에 의해 대규모 지역 및 주택단지 급수 등에 사용 ② 급수펌프만으로 급수하여 수질오염이 적음	① 설비비가 고가 ② 전력소비가 많음 ③ 고장 시 수리가 곤란 ④ 정전이나 고장 시 급수 불가능

핵심 04 급수배관방식 ★★★

급수배관 방식	① 상향 급수배관법: 수도직결방식, 압력탱크방식, 탱크가 없는 부스터방식에 주로 사용 ② 하향 급수배관법: 고가(옥상)탱크방식에 주로 사용 ③ 상하향 혼용 급수배관법: 저층부(2층 이하)는 상향식으로 하고 상층부(3층 이상)는 옥상탱크에서 하향식으로 배관하는 방식
하향배관	① (수평주관: 앞내림 구배) + (각 층 수평주관: 앞올림 구배) ② 관로 주변의 온도가 높을 경우 관 표면의 물과 관 주변의 온도차에 의해 발생하는 결로를 방지하기 위해 방로피복을 한다(예 천장 속의 횡주관 등).
슬리브 배관	벽(Wall)을 관통하는 배관의 경우, 콘크리트 타설 시에 미리 슬리브를 매설하고 슬리브 속에 관을 통과시켜, 배관의 교체수리를 편리하게 하고 또한 배관의 신축과 팽창을 흡수하도록 한다.
배관 시 고려사항	① 급수배관의 최소 관경은 15mm 이상을 사용한다. ② 배관은 보수 점검 및 장래의 배관교체를 고려해 설치 ③ 관 주위에는 보수 및 교환을 용이하게 할 수 있도록 충분한 공간 확보 ④ 배관의 수리 및 교체가 용이하도록 적당한 위치에 플랜지 등을 사용하여 이음 ⑤ 수격작용이 발생하지 않도록 배관설계 ⑥ 초고층건물은 과대한 급수압력이 발생하지 않도록 적절하게 급수조닝 ⑦ 관로(管路)에 관성력과 중력이 작용하여 물 흐름이 끊기는 수주분리현상이 생기지 않도록 배관

핵심 05	급수오염현상 ★★☆

원인	① 배관의 부식 ② 급수설비로의 배수 역류 ③ 저수탱크로의 유해물질 침입 ④ 급수배관 말단에는 기구구조의 불량으로 급수관 내에 오수가 역류하여 오염되도록 배관된 크로스커넥션(Cross Connection)의 발생
방지대책	① 수조의 급수 유입구와 유출구는 대각선 방향으로 설치 ② 수조는 완전히 밀폐하고 다른 물질이나 먼지 등이 들어가지 않게 할 것 ③ 넘침관 말단에는 철망을 씌워 벌레가 들어가지 않도록 할 것 ④ 저수조를 설치하는 장소는 배수관과 이격하여 설치하고, 음료수용이 아닌 다른 목적의 배관을 하지 않을 것 ⑤ 크로스커넥션(Cross Connection)이 발생하지 않도록 급수배관 ⑥ 단수 발생 시 일시적인 부압으로 인한 배수의 역류가 발생하지 않도록 수전과 세면기 상단부와의 거리(토수구 공간)를 확보하거나 진공(역류)방지기(Vacuum Breaker) 설치

핵심 06	펌프 ★☆☆

1. 펌프의 종류와 기능

구분	종류	기능
왕복동펌프	피스톤펌프	수량이 많고 수압이 낮은 곳
	플런저펌프	구조 간단, 수량이 적고 수압이 높은 곳
	워싱턴펌프	증기보일러 급수용
원심 (와권)펌프	볼류트펌프	20m 이하 저양정, 순환용 펌프(급탕, 냉온수)
	터빈펌프	20m 이상 고양정
	보어홀펌프	깊은 우물의 양수용
	라인펌프	저양정의 소규모 급탕배관 순환용
	논클러그펌프	오수의 고형물, 천조각 등이 섞인 물(오수 배수용)
특수펌프	기어펌프	기름 반송용(보일러 연료용 서비스 탱크)
	제트펌프	지하수 배출, 소화용

2. 펌프의 양정

구분		내용
펌프의 흡입양정의 특징	정의	㉠ 펌프의 흡입양정이란 펌프가 물을 아래에서 위로 흡입할 수 있는 높이를 말하며 펌프의 성능을 결정하는 요소이다. ㉡ 물은 표준기압하에서 0℃일 때 이론적으로 10.33m이나 공동현상에 의해 실제 상온에서는 6~7m밖에 흡입할 수 없게 된다. 이때 펌프의 흡입 가능한 높이를 유효흡입양정(NPSH)이라고 한다.
	특징	㉠ 펌프의 흡입양정은 수온이 높을수록 낮아진다. ㉡ 펌프의 흡입양정은 대기압이 낮을수록 낮아진다. ㉢ 펌프의 흡입양정은 해발고도가 높을수록 낮아진다. ㉣ 구경이 클수록 펌프의 효율은 높다.
펌프의 전양정	흡입양정	흡입수면에서 펌프 중심까지의 높이
	토출양정	펌프 중심에서 토출수면까지의 높이
	실양정	흡입양정 + 토출양정
	전양정	실양정 + 관 내 마찰손실수두

3. 펌프의 소요동력

$$\cdot \text{축동력(kW)} = \frac{\text{비중량}(1{,}000\text{kg/m}^3) \times \text{전양정(m)} \times \text{양수량}(\text{m}^3/\text{min})}{6{,}120 \times \text{효율(\%)}}$$

$$\cdot \text{축마력(HP)} = \frac{\text{비중량}(1{,}000\text{kg/m}^3) \times \text{전양정(m)} \times \text{양수량}(\text{m}^3/\text{min})}{4{,}500 \times \text{효율(\%)}}$$

4. 펌프의 회전수 변화 및 운전

펌프의 회전수 변화	① 펌프의 양수량은 회전수에 비례한다. ② 펌프의 전양정은 회전수의 제곱에 비례한다. ③ 펌프의 축동력은 회전수의 3제곱에 비례한다.
펌프의 운전	① 동일한 특성을 갖는 펌프 2대를 직렬로 연결하면 양정은 2배로 증가하고, 병렬로 연결하면 유량은 2배로 증가한다. ② 급수펌프를 1대에서 2대로 병렬 연결하여 운전 시 유량과 양정이 모두 증가하나 증가폭은 배관계 저항조건에 따라 달라진다.

5. 펌프의 이상현상

공동현상	정의	수온이 상승하거나 빠른 속도로 물이 운동할 때 물의 압력이 증기압 이하로 낮아져서 물 내에 증기기포가 발생하는 현상
	발생 원인	① 펌프의 흡입양정이 클 경우 ② 펌프의 마찰손실이 과대할 경우 ③ 펌프의 임펠러 속도가 클 경우 ④ 펌프의 흡입관경이 작을 경우 ⑤ 펌프의 흡입수온이 높을 경우
	방지 대책	① 펌프의 설치위치 및 흡입양정을 작게 할 것(설비에서 얻어지는 유효흡입양정이 펌프의 필요흡입양정보다 커야 한다) ② 부속류를 적게 하여 마찰손실수두를 줄일 것 ③ 펌프의 임펠러 속도, 즉 회전수를 낮게 할 것 ④ 펌프의 흡입관경을 양수량에 맞추어 크게 설계할 것 ⑤ 펌프의 흡입수온을 낮게 할 것
서징현상 (맥동현상)		① 산형특성의 양정곡선을 갖는 펌프의 산형 왼쪽부분에서 유량과 양정이 주기적으로 변동하는 현상 ② 방지대책은 배관 중에 불필요한 수조 또는 기체상태에 있는 잔류공기를 제거하고, 배관의 단면적, 유량 등을 변화시킨다.
베이퍼록현상		비등점이 낮은 액체 등을 이송할 경우 펌프의 입구 측에서 발생하는 현상으로, 액체의 비등현상

빈칸 채우기로 CHAPTER 마무리

❶ 수도직결방식은 정전 시 급수가 (　　　　　　　　)하며, 단수 시 급수가 (　　　　　　)하다.

❷ 급수배관의 최소 관경은 (　　　　　　　)mm 이상을 사용한다.

❸ 펌프의 전양정은 회전수의 (　　　　　)에 비례한다.

❹ 펌프의 공동현상은 펌프의 흡입양정이 (　　　　　　　) 경우, 펌프의 임펠러 속도가 (　　　　　　) 경우 발생한다.

정답

① 가능 / 곤란　　② 15　　③ 제곱　　④ 클 / 클

03 급탕설비

▶ **연계학습** | 에듀윌 기본서 1차 [공동주택시설개론 下] p.89

CHAPTER 미리보기

01 용어정리 ★★★　　　　　　04 급탕방식의 분류 ★★☆

02 보일러 종류별 특징 ★☆☆　　05 급탕배관 ★★★

03 급탕설비용 기기 ★★☆

핵심 01　**용어정리** ★★★

열용량	① 어떤 물질 전체의 온도를 1℃ 올리는 데 필요한 열량을 열용량, 즉 어떤 물체가 열을 수용할 수 있는 능력 ② 물은 콘크리트보다 단위체적당 열용량이 크므로 열을 저장하기에 우수한 축열재이다. ③ 열용량이 크다는 것은 온도변화에 많은 열량이 필요하다는 의미로, 축열하는 시간과 방열하는 시간이 길다는 것을 의미한다.
급탕부하	① 초(s)당 필요한 온수를 얻는 데 필요한 열량 ② 급탕부하(kW) = 급탕량(kg/s) × 물의 비열(4.2kJ/kg·K) × 온도차(K) ③ 가스소비량 = $\dfrac{\text{급탕량} \times \text{온도차} \times \text{물의 비열}}{\text{보일러 효율} \times \text{가스의 발열량}}$
정격출력 (kW)	① 보일러가 방출할 수 있는 최대열량을 방출할 때 1시간 동안 방출하는 열량 ② 정격출력 = 난방부하 + 급탕부하 + 배관손실부하 + 예열부하 　㉠ 난방부하 + 급탕부하 + 배관손실부하 = 상용출력 　㉡ 난방부하 + 배관손실부하 = 방열기 용량

보일러 종류별 특징 ★☆☆

주철제 보일러	① 내식성이 우수하고, 수명이 길다. ② 가격이 저렴하다. ③ 각 절의 분할이 가능하여 반출·반입이 용이하다. ④ 조립식으로 용량의 증감이 용이하고, 취급이 간편하다. ⑤ 인장 및 충격에 약하고, 열에 의한 팽창으로 균열이 발생한다. ⑥ 대용량, 고압에 부적당하다.
노통연관 보일러	① 보유수량이 많아 부하변동에 안전하다. ② 수면이 넓어 급수조절이 용이하다. ③ 수(水)처리가 비교적 간단하고, 설치가 간단하다. ④ 열손실이 적고 설치면적이 크다. ⑤ 수명이 짧고 가격이 비싸며, 스케일 생성이 빠르다.
수관 보일러	① 전열면적이 크고 효율이 높다. ② 보유수량이 적어 증기발생이 빠르다. ③ 가동시간이 짧지만, 가격이 비싸고 부하변동에 따른 압력변화가 크다. ④ 수(水)처리가 복잡하고, 고압·대용량에 적합하다. ⑤ 다량의 고압증기를 필요로 하는 대규모건물, 지역난방, 병원, 호텔 등에 사용한다.
관류식 보일러	① 가동시간이 짧고 증기발생 속도가 빠르다. ② 수(水)처리가 복잡하고 소음이 크며, 스케일 처리에 유의해야 한다. ③ 대용량에 부적합하다. ④ 드럼이 설치되어 있지 않으며, 부하변동에 대한 응답이 빠르다.

1. 팽창관과 팽창탱크

설치목적	① 온수순환배관 도중에 온수팽창 및 이상 압력이 생겼을 경우 그 압력을 흡수하는 도피구로, 일종의 안전장치이다. ② 안전밸브 역할을 하며, 보일러 내의 공기나 증기를 배출한다.	
설치위치 및 방법	① 급탕수직관 끝을 연결한 팽창관을 팽창탱크에 자유 개방한다. ② 급탕배관과 팽창탱크 사이의 팽창관 도중에는 절대로 밸브를 설치하여서는 안 된다. ③ 팽창탱크의 급수는 볼탭에 의해 자동 급수한다. ④ 팽창탱크의 배수는 간접배수로 한다. ⑤ 팽창관의 관경은 보일러의 전열면적에 따라 결정하고, 동결을 고려하여 보통 25mm 이상으로 하는 것이 바람직하다.	
종류	개방식 팽창탱크	① 중력탱크라고도 하며, 대기에 개방된 팽창탱크로서 100℃ 이하의 저온수를 사용하는 곳에 적합하다. ② 가격이 저렴하나 공기혼입으로 인한 배관부식 등 여러 가지 문제점이 발생한다. ③ 개방식 팽창탱크는 순환펌프의 흡입측에 팽창관을 접속시키며, 그 설치높이는 배관계의 가장 높은 곳보다 1.2m 이상으로 한다.
	밀폐식 팽창탱크	① 완전히 밀폐된 팽창탱크를 말하며, 탱크 상부에 공기층을 만들고 그 탄력성에 의해 압력의 변동을 흡수하는 것이다. ② 개방식 팽창탱크에 비해 크기가 작으며, 설치위치에 제한을 받지 않는 기계실 등의 낮은 장소에 설치할 수 있다. ③ 100℃ 이상의 고온수를 사용하는 곳에 적합하다. ④ 배관을 완전히 밀폐함으로써 공기혼입으로 인한 배관부식을 방지하고, 공기로 인한 순환장애 현상과 이로 인한 불균형을 해소할 수 있다.

2. 헤더공법

① 물이나 증기 등과 같은 유체를 등압을 유지하면서 많은 계통으로 보내기 위해 또는 합류시키기 위해 잇는 관의 모음부분을 말한다.

② 헤더공법을 적용할 경우 세대 내에서 사용 중인 급탕기구의 토출압력은 다른 기구의 사용에 따른 영향을 적게 받는다.

핵심 04 **급탕방식의 분류** ★★☆

구분		개별식		중앙식	
종류	순간 온수기	수시 급탕 가능	직접 가열식	① 열효율 높음 ② 보일러 문제 있다(스케일 많 고 부식 크며 고압용 필요). ③ 증기난방 시 보일러 각각 설치	
	저탕형 탕비기	서모스탯			
	기수 혼합식	스팀사일런서	간접 가열식	① 보일러 겸용 위해 가열코일 필요 ② 보일러 문제 없다(스케일 ×, 고압용 필요 ×, 부식 ×).	
장점	① 수시로 필요한 온도의 온수 가능 ② 배관길이가 짧아 배관에 의한 열손실 이 적음 ③ 설비비가 적고 유지·관리 용이 ④ 급탕개소의 증설 용이		① 기구의 동시사용률을 고려할 경우 가 열장치의 총열량 감소 가능 ② 열원장치와 공기조화설비의 겸용으로 열원단가 저렴, 관리상 유리 ③ 대규모 급탕에 적합		
단점	① 급탕개소마다 가열기의 설치 공간 필요 ② 급탕개소가 많아질 경우 가열기 설치 에 따른 유지·관리 불편		① 설비규모의 증대로 초기 설비비 고가 ② 배관 중 열손실이 크다. ③ 시공 후 기구증설에 따른 변경공사 곤란		

핵심 05 **급탕배관** ★★★

1. 배관방법

배관방식	① 단관식: 보일러에서 급탕위생기구까지 15m 이내 ② 복관식(순환식): 급탕관의 길이가 15m보다 길 때 사용하며, 항상 온수의 사용이 가능하고 곧바로 뜨거운 물을 얻을 수 있는 방식		
공급방식	① 상향식	② 하향식	③ 상·하향 혼합식
순환방식	① 중력식	② 강제식	③ 역환수방식

2. 급탕배관 시공 시 주의사항

배관과 구배	① 급탕관의 최소관경은 20mm 이상으로 하고, 급수관경보다 한 단계 큰 치수의 것을 사용한다. ② 최소 20mm 이상인 환탕관(복귀관)은 급탕관보다 작은 치수의 것을 사용하며, 일반적으로 급탕관의 2/3 정도로 한다. ③ 상향공급방식에서 급탕수평주관은 앞올림(선상향) 구배, 복귀관은 앞내림(선하향) 구배로 하고, 하향급탕방식에서는 급탕관 및 복귀관 모두 앞내림(선하향) 구배로 한다. ④ 중력순환식의 환수배관은 1/150 이상(급경사)으로 하고, 강제순환방식은 1/200 이상(완경사)으로 한다. ⑤ 벽을 관통하는 배관은 콘크리트를 타설할 때 미리 슬리브를 매설하고 슬리브 속에 관을 통과시켜 배관하며, 슬리브는 배관의 신축과 팽창을 흡수하고 배관의 교체를 쉽게 하기 위해 사용한다.
배관의 신축이음 종류	**스위블조인트 (Swivel Joint)** 신축과 팽창으로 누수의 우려가 있어 저압배관 및 방열기 주변배관에 많이 사용
	슬리브형 (Sleeve Type) 신축량이 크고 소요공간을 적게 차지하나 패킹 부분의 파손 우려로 누수되기 쉬워 보수가 용이한 장소에 설치하며, 고압배관에는 부적당
	벨로스형 (Bellows Type) 설치공간이 작으나, 누수의 우려가 있으며 저압용으로 사용
	신축곡관 (루프관, Expansion Loop) 구조가 간단하며 내구성이 좋고, 고온 및 고압용에 사용
	볼조인트 (Ball Joint) 회전과 굽힘작용을 하며 고온이나 고압용에 사용
배관의 신축이음 간격	강관은 30m마다 설치, 동관은 20m마다 설치

빈칸 채우기로 CHAPTER 마무리

❶ 정격출력 = 난방부하 + 급탕부하 + 배관손실부하 + (   )부하

❷ 노통연관 보일러는 수(水)처리가 비교적 (   )하고, 설치가 (   )하다.

❸ 급탕배관과 팽창탱크 사이의 팽창관 도중에는 밸브를 설치하여서는 (   ).

❹ 중력순환식의 환수배관은 (   )(급경사)로 하고, 강제순환방식은 (   )(완경사)
로 한다.

❺ 배관의 신축이음 간격은 강관은 (   )m마다 설치하고, 동관은 (   )m마다 설
치한다.

정답

① 예열   ② 간단 / 간단   ③ 안 된다   ④ 1/50 이상 / 1/200 이상   ⑤ 30 / 20

▶ **연계학습** | 에듀윌 기본서 1차 [공동주택시설개론 下] p.113　　　　　　　회독체크 1 2 3

CHAPTER 미리보기

01 배수관의 종류　　　　　　　　　06 통기설비의 목적 및 시공 ★★☆

02 배수트랩의 종류 ★☆☆　　　　　07 통기관의 종류 ★★★

03 트랩의 봉수 ★★★　　　　　　　08 통기배관설계

04 배수설비의 배관설계 ★★☆　　　09 위생기구

05 배수시험과 검사 ★☆☆　　　　　10 대변기의 세정급수방식에 의한 분류 ★☆☆

핵심 01 ## 배수관의 종류

구분	내용
① 위생기구 배수관	위생기구 트랩에서 배수수평지관에 접속하는 배수관
② 배수수평지관 (배수횡지관)	기구배수관의 배수를 배수수직관으로 흘려보내는 수평관
③ 배수수직주관	배수수평지관으로부터 오수 및 잡배수를 받아 배수수평주관으로 흘려보내는 수직관

◑ 관경의 크기는 ① ⇨ ② ⇨ ③의 순으로 같거나 커진다.

배수트랩의 종류 ★☆☆

구분	종류	특징
사이펀 트랩 (파이프형)	S트랩	위생기구 중 대변기에 부착하며, 봉수파괴가 잘 된다.
	P트랩	세면기 등 위생기구에 가장 많이 쓰이는 형식
	U트랩	① 일명 가옥트랩 또는 메인트랩이라고 함 ② 배수 횡주관 도중에 설치하여 공공하수관에서의 하수가스 역류 방지용 트랩
비사이펀 트랩 (용적형)	드럼트랩	주방 싱크의 배수용 트랩
포집기 (저집기)	그리스 포집기 (Grease Trap)	① 기름기를 제거·분리하는 장치이다. ② 기름기를 많이 쓰는 주방 등에 사용된다.

트랩의 봉수 ★★★

1. 트랩 및 봉수의 개념

구분		내용
트랩 (Trap)	정의	배수계통의 일부에 물을 고이게 하는 기구
	설치목적	배수관 속의 악취 및 유독가스, 벌레 등이 실내로 침투하는 것을 방지
봉수 (Sealing Water, 封水)	정의	배수관 속의 악취 및 유독가스, 벌레 등이 실내로 침투하는 것을 방지하기 위해 트랩에 항상 고여 있는 물
	특징	① 봉수의 깊이는 최소 50mm ~ 최대 100mm가 적당하다. ② 50mm 미만이 되면 봉수유지가 곤란하다. ③ 100mm 초과로 너무 크면 유속이 저하되어 통수능력이 감소한다.

2. 트랩의 구비조건

① 봉수가 파괴되지 않고 항상 그 깊이가 유지될 수 있을 것
② 구조상 간단하고, 수봉식이거나 가동부분이 없는 것
③ 포집기류를 제외하고는 오수에 포함된 오물 등이 부착 및 침전하기 어려울 것

④ 내식성, 내구성 재료일 것
⑤ 청소 및 수리를 쉽게 할 수 있을 것

3. 배수트랩 설치 시 고려사항

① 배수트랩은 배수흐름이 저하되므로 이중으로 트랩을 설치하지 않는다.
② 트랩에서 봉수 수면이 디프(Dip)보다 낮은 위치에 있으면 하수 가스의 침입을 방지할 수 없기 때문에 디프보다 높은 위치에 있도록 한다.
③ 정해진 봉수깊이 및 봉수면을 갖도록 설치하고, 필요한 경우 봉수의 동결방지 조치를 한다.
④ 트랩의 가장자리와 싱크대 또는 바닥 마감 부분의 사이는 내수성 충전재로 마무리한다.

4. 트랩의 봉수 파괴 원인과 방지대책

구분	봉수파괴 원인	대책
자기사이펀 작용	만수된 물이 일시에 흐르게 될 경우 트랩 및 배수관이 사이펀 작용을 일으켜 배수관 쪽으로 흡인되어 배출	통기관 설치
유인사이펀 작용 (흡인·흡출작용)	수직관 가까이 기구를 설치할 경우, 수직관 상부에서 일시에 다량의 물이 배수될 경우에는 감압에 의한 흡인작용으로 봉수가 흡인·흡출되는 현상	
토출작용 (분출작용)	배수수직관 위로부터 일시에 다량의 물이 배수될 경우, 일종의 피스톤작용을 일으켜 하류 및 하층기구의 트랩 봉수가 실내 측으로 역류되는 현상	
모세관현상	트랩 출구에 천, 모발 및 실 등이 걸린 경우, 모세관현상에 의해 봉수가 파괴되는 현상	고형물질 제거
증발	트랩의 사용빈도가 적어 자연스럽게 물이 증발되어 봉수가 파괴되는 현상	기름 첨가
운동량에 의한 관성작용	강풍, 지진 등의 원인으로 배관 중에 급격한 압력변화가 일어나고 봉수면이 상하동요를 일으켜 사이펀작용이 일어나, 봉수가 배출되는 현상	격자석쇠 설치

배수설비의 배관설계 ★★☆

배수 수평관의 구배	관지름(mm)	기울기
	65 이하	최소 1/50
	80 ~ 150	최소 1/100
	200 이상	최소 1/200
관지름	① 배수관지름이 필요 이상으로 크거나 작으면 배수능력이 저하되고 자기세정작용이 저하되므로 적정한 크기로 하며, 최소 32mm 이상으로 한다. ② 배수관의 자기세정작용을 위하여 배수유수면 높이는 관지름의 1/2 ~ 2/3 사이가 적당하다.	
주의사항	① 배수 및 통기수직관은 파이프 샤프트 내에 배관하고, 대변기는 될 수 있는 대로 수직관 가까이에 배치한다. ② 기구배수관의 곡관부에 다른 배수지관을 접속해서는 안 된다. ③ 기구배수관은 배수수평지관 위에 수직으로 연결하지 않고 측면에서 연결한다.	
청소구	① 배수관이 막혔을 때 이를 점검 및 수리하기 위해 배관의 굴곡부나 분기점에 설치 ② 배수수평관이 긴 경우, 배수관의 관지름이 100mm 이하인 경우는 15m 이내, 100mm를 넘는 경우는 매 30m마다 설치 (KCS 31 30 25) ③ 배수수평주관과 부지배수관의 접속개수에 가까운 곳 ④ 배수수직관의 최상부 및 최하부 또는 그 부근에 설치 ⑤ 배수관이 45° 이상(넘는)의 각도로 방향을 변경한 곳에 설치 ⑥ 각종 트랩 및 배관상 특히 필요로 하는 곳에 설치	

배수시험과 검사 ★☆☆

1. 목적

① 배수 및 통기배관 공사완료 후 피복공사 이전에 각 접속부분의 수밀 및 기밀상태 완전 여부를 파악하기 위하여 한다.

② 수압시험 또는 기압시험을 하고, 위생기구 등의 설치가 완료된 후에는 모든 트랩에 봉수를 채우고 기밀시험을 한다.

2. 시험방법

① 기압 및 수압시험

종류	기압시험	공기압축기 또는 시험기를 배수관의 1개의 개구부에 접속하고 그 밖의 개구부를 밀폐시킨 후 공기를 개구부에서 그 계통에 압송하여, 배관시험의 기준치에 따라 배관의 누설 유무를 검사한다.
	수압시험	3m 이상의 수두에 상당하는 수압 0.03MPa을 가하여 30분 이상 견뎌야 한다.
시험시기		기압시험과 수압시험은 위생기기 부착 전에 배수 및 통기배관에 대하여 실시한다.

② 기밀시험

종류	연기시험 (Smoke Test)	시험 대상 부분의 모든 트랩부분을 밀폐하고 연기를 통기구에 주입한 다음, 그 통기구를 밀폐하여 연기의 누출 여부를 검사하는 것이다.
	박하시험 (Peppermint Test)	시험 대상 부분의 모든 트랩부분을 밀폐하고 박하유를 통기구에 주입한 다음, 그 통기구를 밀폐하여 박하의 누출 여부를 검사하는 것으로, 누설 여부를 판단하기는 곤란하다.
시험시기		기밀시험은 위생기구 부착 후 기밀상태를 검사한다.

③ 만수시험

㉠ 배관공사 완료 뒤 기구 부착 전에 실시한다.

㉡ 누수 및 통기관의 취기 누설방지 목적으로 시험대상부분의 최고 개구부를 제외한 기구와의 연결부를 모두 밀폐하고 개방부까지 물을 가득 채워 배관시험의 기준치에 따르고 배관에서의 누수를 검사한다.

④ 통수시험

㉠ 배수 및 통기 시험 중 기구를 부착한 후 최종적으로 실시하는 것이다.

㉡ 각 기구의 사용 상태에 맞는 수량으로 배수하고 계통의 이상 유무를 검사한다.

핵심 06 **통기설비의 목적 및 시공** ★★☆

통기관 설치 목적	① 배수트랩의 봉수를 보호
	② 배수관 내의 압력변동을 흡수하여 배수의 흐름을 원활하게 할 것
	③ 신선한 외기를 통하게 하여 배수관 청결을 유지

배관 시 주의사항	① 통기관을 기구의 오버플로우선 이상 입상시킨 다음 통기수직관에 연결한다. ② 통기관의 수평관을 바닥 밑으로 빼내어 통기수직관에 연결하는 바닥 아래의 통기관은 금지한다. ③ 오물정화조의 배기관은 일반 통기관과 연결하지 않고 단독으로 대기 중에 개구한다. ④ 통기수직관을 빗물수직관과 연결해서는 안 된다. ⑤ 간접배수 계통의 통기관은 단독으로 대기 중에 개구한다. ⑥ 빗물수직관과 배수관, 분뇨정화조, 통기관과 겸용하거나 연결하여 사용하지 않는다.

핵심 07 통기관의 종류 ★★★

1. 일반 통기방식의 종류

각개통기관	① 각 위생기구마다 통기관을 설치한다. ② 가장 이상적인 방법이나 시설비가 비싸다. ③ 각개통기관은 되도록 트랩에 접근시켜 가장 높은 기구의 물 넘침선 위로 150mm 이상 높은 곳에서 통기수평지관에 접속시킨다. ④ 트랩의 위어(Weir)에서 각개통기접속개소까지 기구배수관의 길이와 구배는 자기사이펀작용에 미치는 영향이 크므로, 통기접속개소점이 트랩 위어에서 수평선 이하가 되지 않도록 한다(단, 대변기의 통기접속개소는 트랩 위어보다 낮은 위치라도 지장이 없다). ⑤ 관지름은 최소 32mm 이상으로, 담당 배수관 관지름의 1/2 이상으로 한다.
루프통기관 (회로통기관, 환상통기관)	① 배수수평지관의 최대 8개까지의 기구를 루프통기로 할 수 있다. ② 최상류기구로부터 기구배수관이 배수수평지관에 연결된 직후 하류 측에서 입상하여 통기수직관으로 연결하는 통기관이다. ③ 통기관 1개가 담당할 수 있는 최대기구수는 8개까지이고, 통기수직관과 최상류기구까지의 통기관 연장은 7.5m 이내이다. ④ 배수수평관에서 루프통기관을 취출할 때는 배수관의 수직 중심선 상부로부터 수직 내지 45° 이내의 각도로 한다. ⑤ 각개통기관보다 매우 경제적인 방법이지만, 통기 능률은 각개통기관에 비해 떨어진다. ⑥ 관지름은 최소 32mm 이상으로, 담당 배수관 관지름의 1/2 이상으로 한다.

도피통기관	① 루프통기관에서 통기 능률을 촉진시키기 위해서 설치하는 통기관이다.
	② 루프통기관에서 8개가 넘는 위생기구를 감당하거나 대변기가 4개 이상 있는 경우, 배수수직관과 루프통기관에서 가장 먼 하류의 기구배수관 사이의 배수수평지관에 연결한다.
	③ 관지름은 최소 32mm 이상으로, 담당 배수관 관지름의 1/2 이상으로 한다.
습통기관 (습윤통기관)	① 배수횡주관 최상류기구의 바로 아래에서 연결하는 통기관이다.
	② 관지름은 최소 40mm 이상으로, 통기와 배수의 역할을 겸한다.
결합통기관	① 고층건물에서 통기효과를 높이기 위해 통기수직관과 배수수직관을 연결한 통기관으로, 배수수직관 내 압력변동을 완화해서 배수흐름을 원활히 하기 위해 설치하는 통기관이다.
	② 브랜치 간격 11 이상을 가진 배수수직관은 최상층으로부터 브랜치 10 이내마다 결합통기관을 설치한다.
	③ 결합통기관의 관지름은 연결하는 통기수직관의 관지름과 같아야 한다.
신정통기관	① 배수수직관 상부에서 관지름을 축소하지 않고 연장하여 옥상 등에 개구한 통기관으로, 배수수직관의 관지름 이상으로 한다.
	② 최소 관지름은 배관길이와 연결되는 총기구배수부하단위로 결정하고, 어떠한 경우에도 관지름이 담당 배수관 관지름의 1/2보다 크고 32mm 이상이어야 한다.

2. 특수 통기방식의 종류

소벤트 방식	① 통기관을 따로 설치하지 않고 2개의 특수이음쇠와 신정통기관만으로 배수와 통기를 겸하는 방식
	② 특수이음쇠(공기혼합이음쇠, 공기분리이음쇠)가 필요하다.
섹스티아 방식	① 섹스티아 이음쇠와 섹스티아 벤드를 통해 유수에 선회력을 주고 공기코어를 유지시켜, 하나의 관으로 배수와 통기를 겸하는 방식
	② 층수의 제한이 없으며 저층 및 고층에 모두 사용이 가능하다.
	③ 통기 및 배수가 간단하고, 배수관지름이 작아도 되며, 소음이 적다.

1. 통기관 배관방식

종류	내용
1관식 배관법	① 통기관을 별도로 세우지 않고 배수수직주관 끝을 연장하여 옥상으로 돌출시켜 통기관으로 사용한다. ② 주로 기구 수가 적고 낮은 건물에 사용한다.
2관식 배관법	① 배수관과는 별도로 통기관을 배관하여 통기하는 방식이다. ② 주로 기구 수가 많은 고층건물에 사용한다.

2. 통기배관 시 고려사항

① 통기배관에서 수평관을 바닥 밑으로 빼내어 통기수직관에 연결하는 바닥 아래의 통기관은 금지한다.

② 통기수직주관은 되도록 수리 및 점검을 용이하게 하기 위하여 파이프 샤프트 안에 배관한다.

③ 통기수평지관은 기구의 물넘침선보다 150mm 이상 높은 위치에서 수직통기관에 연결한다.

④ 각개통기관이 배수관에 접속되는 지점은 기구의 최고수면과 배수수평지관이 배수수직관에 접속되는 점을 연결한 동수구배선(動水句配線)보다 위에 배치해야 한다.

⑤ 외부에 개방되는 통기관의 말단은 인접 건물의 문, 개폐창문과 인접하지 않아야 한다.

⑥ 통기수직관은 빗물(우수) 수직관과 연결해서는 안 된다.

⑦ 오수정화조의 배기관은 단독으로 대기 중에 개방해야 하며, 일반통기관과 연결해서는 안 된다.

⑧ 통기관과 실내환기용 덕트는 연결을 피한다.

⑨ 오수피트와 잡배수피트는 개별 통기관을 각각 설치하며, 이 통기수직관을 간접배수 계통의 통기관이나 신정통기관에 연결해서는 안 된다.

1. 위생기구의 조건

① 흡습성·흡수성 및 부식성이 없고, 내식성·내마모성·내구성이 우수한 재료일 것
② 마무리 외관이 미적이고 위생적일 것
③ 기구의 제작 및 제조가 용이하며, 부착이 손쉽게 완전히 접속될 것
④ 오염방지를 배려한 기구일 것
⑤ 조립이 간단하고 확실할 것
⑥ 우수한 대변기는 건조면적이 작고 유수면이 넓을 것

2. 위생도기의 장단점

장점	단점
① 경질이고, 산이나 알칼리에 침식되지 않는다.	① 탄력성이 없고, 충격에 약하여 파손되기 쉽다.
② 팽창계수가 작고, 오수나 악취 등이 흡수되지 않는다.	② 파손되면 수리가 어렵다.
③ 위생적이며 내구적이다.	③ 정밀한 치수를 기대할 수 없다.
④ 복잡한 형태의 기구도 제작할 수 있다.	④ 금속철물과의 접속이 어렵다.

3. 위생설비 유닛의 목적

① 현장 공정이 줄어들면서 공사기간 단축
② 공정의 단순화
③ 시공의 정밀도 향상
④ 인건비 및 재료비 절감

구분	최소 급수 관경	최소 세정 관경	세정량 및 설치 면적	소음	수리성	주택사용
하이탱크	10mm	32mm	작다	크다	불편	×
로우탱크	10mm	50mm	크다	작다	쉽다	○
세정(Flush) 밸브	25mm	25mm	① 최저 급수압 0.1MPa 이상 필요 ② 연속사용 가능 ③ 진공방지기(Vacuum Breaker) 설치 필요 ④ 소음 큼 + 수리 곤란 ⇨ 주택사용 곤란

빈칸 채우기로 CHAPTER 마무리

❶ 봉수의 깊이는 최소 (　　　　　　　)mm ~ 최대 (　　　　　　　)mm가 적당하다.

❷ 배수트랩은 배수흐름이 저하되므로 이중으로 트랩을 설치하지 (　　　　　).

❸ 배수 및 통기관은 파이프 샤프트 내에 배관하고, 변기는 될 수 있는 대로 수직관 (　　　　　)에 배치한다.

❹ 통기관의 수평관을 바닥 밑으로 빼내어 통기수직관에 연결하는 바닥 아래의 통기관은 (　　　　　) 한다.

❺ (　　　　　)통기관은 각 위생기구마다 통기관을 설치한 것으로 가장 이상적인 방법이나 시설비가 비싸다.

❻ 루프통기관의 경우 통기관 1개가 담당할 수 있는 최대 기구 수는 (　　　　　)개까지이고, 통기수직관과 최상류기구까지의 통기관 연장은 (　　　　　)m 이내이다.

❼ 각개통기관이 배수관에 접속되는 지점은 기구의 최고수면과 배수수평지관이 배수수직관에 접속되는 점을 연결한 동수구배선보다 (　　　　　)에 배치해야 한다.

❽ 위생도기는 경질이고, 산이나 알칼리에 침식(　　　　　).

05 오수정화설비

▶ **연계학습** | 에듀윌 기본서 1차 [공동주택시설개론 下] p.148

회독체크 1 2 3

CHAPTER 미리보기

01 개인하수처리시설의 방류수 수질 측정기간 ★☆☆
02 용어정리 ★★★
03 오수정화처리법 ★☆☆

04 부패탱크식 오수정화조 ★★☆
05 장시간 폭기방식 오수정화 순서 ★★★

핵심 01 개인하수처리시설의 방류수 수질 측정기간 ★☆☆

하수처리시설	방류수 수질 측정기준
1일 처리용량이 $200m^3$ 이상인 오수처리시설과 1일 처리대상 인원이 2천 명 이상인 정화조	6개월마다 1회 이상
1일 처리용량이 $50m^3$ 이상 $200m^3$ 미만인 오수처리시설과 1일 처리대상 인원이 1천 명 이상 2천 명 미만인 정화조	연 1회 이상

핵심 02 용어정리 ★★★

합류식 하수관로	오수와 하수도로 유입되는 빗물·지하수가 함께 흐르도록 하기 위한 하수관로
분류식 하수관로	오수와 하수도로 유입되는 빗물·지하수가 각각 구분되어 흐르도록 하기 위한 하수관로
개인 하수도	건물·시설 등의 설치자 또는 소유자가 해당 건물·시설 등에서 발생하는 하수를 유출 또는 처리하기 위하여 설치하는 배수설비·개인하수처리시설과 그 부대시설
BOD (생물학적 산소요구량)	① 오수 중의 오염된 물질이 되는 유기물이 미생물에 의해 분해되어 안정화하는 과정에서 소비되는 수중 산소의 양 ② 수중에 녹아 있는 산소를 20℃에서 5일간 시료를 방치해서 측정한 값을 ppm으로 나타내어 수중물질의 오염 지표로 사용 ③ BOD 제거율(%) = $\dfrac{\text{유입수의 BOD} - \text{유출수의 BOD}}{\text{유입수의 BOD}} \times 100\%$ ④ BOD 제거율이 높을수록, 유출수의 BOD가 낮을수록 정화조 성능이 우수

COD (화학적 산소요구량)	① 오수 중에 산화되기 쉬운 용존유기물을 화학적으로 안정된 물질로 변화시키는 데 필요한 산소요구량 ② 미생물이 살 수 없는 공장 폐수에서 유기물의 농도를 단시간 내에 측정
DO (용존산소량)	수질 오염의 지표로서, 물속에 용존하고 있는 산소의 양을 ppm으로 나타낸 것으로, DO가 클수록 정화능력이 큰 정화조
SS (부유물질량)	오수 중에 함유되어 있는 입경 2mm 이하의 불용성 부유물질을 ppm으로 나타낸 것
활성오니	오수 중에 있는 미생물 덩어리로, 폭기조 내에 용해되어 있는 유기물질과 반응하고 그에 따라 세포가 증식
SV	활성오니 용량
스컴(Scum)	정화조 내의 오수표면 위에 떠오르는 오물찌꺼기

핵심 03 오수정화처리법 ★☆☆

구분		처리방법
물리적 처리방법	스크린	일종의 여과 및 파쇄장치로서 거칠고 입자가 큰 부유물질을 제거하기 위한 방법
	여과	오수를 여재에 살수하여 정화하는 방법
	침전	오수 중에 부유성 고형물을 가라앉혀 부패시키는 방법
	교반	폭기조 등에서 오수 중에 산소를 강제로 혼입하여 휘저어서 산화시키는 방법
화학적 처리방법		안정화, 연수화, 응집, 중화, 산화, 환원처리 등
생물학적 처리방법	혐기성 처리방법	① **종류**: 다실형, 2중 탱크형, 변형 2중 탱크형(임호프 방식) ② 산소공급이 필요하지 않아 밀폐형으로 하여 유지관리비가 적다. ③ 처리기간이 길게 소요된다. ④ 처리공간이 많이 필요하여 설비용량이 크다. ⑤ 악취발생의 우려가 있다.
	호기성 처리방법	① **종류**: 회전원판법, 살수여상식, 평면산화형, 활성슬러지식, 단순 폭기식, 지하모래여과식 ② 짧은 시간에 양호한 처리 가능 ③ 동력비의 운전유지비가 크다. ④ 작은 공간을 차지하며 고급설비이다.

부패탱크식 오수정화조 ★★☆

1. 오수정화조의 정화 순서

> 오물의 유입 ⇨ 부패조 ⇨ 여과조 ⇨ 산화조 ⇨ 소독조 ⇨ 방류

2. 오수정화조의 구조

구분	용량	조건	특징
부패조	유입 오수량의 2일분 이상	혐기성균에 의한 침전 및 소화작용	① 용적비 ⇨ 4 : 2 : 1(2) ② 유효수심: 1m 이상 ~ 2.7m 이하 ③ 사용 인원수에 의해 크기 결정
여과조	부패조와 산화조 사이에 설치	부유물이나 잡물을 제거하고 산화조의 통기성 향상	① 오수의 흐름: 하부 ⇨ 상부 ② 여과조 깊이: 수심의 1/3 ~ 1/2 정도
산화조	부패조 용량의 1/2 이상	산소의 공급으로 호기성균에 의한 산화(분해)	① 살수여상방식: 살수홈통에 의해 살수 ② 쇄석층 깊이: 0.9 ~ 2m ③ 구배: 소독조를 향해 1/100 내림구배 ④ 배기관 및 송기구 설치: 지상 3m 이상 ⑤ 정화조 바닥과 쇄석받이의 간격: 10cm 이상
소독조	약액조의 용량은 25ℓ 이상, 10일 이상	액체 및 고체 상태의 염소 주입	① 500명 이상일 경우 설치 의무 ② 염소계통의 차아염소산나트륨, 차아염소산칼슘 등으로 멸균

장시간 폭기방식 오수정화 순서 ★★★

> 오수유입 ⇨ 스크린 ⇨ 폭기조 ⇨ 침전조 ⇨ 소독조 ⇨ 방류

빈칸 채우기로 CHAPTER 마무리

❶ 1일 처리용량이 200m³ 이상인 오수처리시설과 1일 처리대상 인원이 2천 명 이상인 정화조는 (   )개월마다 1회 이상 방류수 수질을 측정한다.

❷ (   ) 하수관로는 오수와 하수도로 유입되는 빗물·지하수가 함께 흐르도록 하기 위한 하수관로이다.

❸ (   )는 오수 중의 오염된 물질이 되는 유기물이 미생물에 의해 분해되어 안정화하는 과정에서 소비되는 수중 산소의 양이다.

❹ (   )는 오수 중에 함유되어 있는 입경 2mm 이하의 불용성 부유물질을 ppm으로 나타낸 것이다.

정답

① 6   ② 합류식   ③ BOD   ④ SS

06 가스설비

CHAPTER 미리보기

01 가스설비의 개요 ★☆☆   03 가스계량기(Gas Meter) ★★☆

02 LPG(액화석유가스)와 LNG(액화천연가스) ★★★   04 가스배관설계 ★★★

핵심 01   가스설비의 개요 ★☆☆

1. 가스연료의 장단점

장점	단점
① 연소효율이 높고, 점화 및 소화가 용이하다.	① 폭발 위험성이 높고 피해 범위가 크다.
② 연소 후 재나 매연 발생이 없는 무공해 연료이다.	② 배관 및 연소기구 등에서 가스누설 위험이 있다.
③ 점화나 소화가 용이하다.	③ 무색·무취로 누설 시 감지가 곤란하다.
④ 중량에 비해 발열량이 크다.	
⑤ 기구가 간단하고 부식이 적다.	

2. 발열량

① 가스의 연소는 발열반응이고, 표준상태(Normal, 0℃, 1atm)의 가스 1Nm^{3}가 완전 연소할 때 발생하는 열량을 발열량이라 하며, kJ/Nm^{3}으로 표시한다.

② 이론공기량은 가스 1m^{3}를 완전 연소시키는 데 필요한 이론상의 최소 공기량을 말한다.

③ 가스의 연소에서는 수소 성분에 의해 수증기가 발생하며, 이 수증기는 응축하여 물로 변할 때 열을 방출하게 되는데, 이것을 잠열이라 한다.

④ 총발열량(고위 발열량)은 잠열을 포함한 발열량을 말하고, 진발열량(저위 발열량) 은 잠열을 포함하지 않는 발열량을 말한다.

3. 도시가스의 공급압력

저압	0.1MPa 미만의 압력
중압	0.1MPa 이상 ~ 1.0MPa 미만의 압력
고압	1.0MPa 이상의 압력

4. 도시가스 공급과정

원료 ⇨ 제조 ⇨ 압축기로 압송 ⇨ 홀더에 저장 ⇨ 정압기로 압력조정 ⇨ 수용가에 공급

핵심 02 LPG(액화석유가스)와 LNG(액화천연가스) ★★★

구분	LPG(단위: kg/h)	LNG(단위: m³/h)
주성분	프로판, 부탄, 프로필렌 등	메탄(CH_4)
공기와의 무게 비교	무거워서 바닥에 가라앉으므로 폭발위험성이 높다.	가벼워서 공기와 섞여 창문으로 배기할 경우 안정성이 높다.
누설감지기 설치	바닥에서 30cm 이내	천장에서 30cm 이내
액화성	운반이나 저장이 쉬워 작은 용기나 배관으로 공급	액화성이 어려우므로 반드시 대규모 저장 후 배관을 통해 공급
연소 범위	작다	크다
산소 소모량	크다	작다
상대적 발열량	크다	작다

핵심 03 가스계량기(Gas Meter) ★★☆

설치높이	① 바닥으로부터 1.6m 이상 2m 이내에 수직·수평으로 설치 ② 밴드·보호가대 등 고정장치로 고정
이격거리	① 화기와 2m 이상 ② 전기 계량기, 전기 개폐기와는 60cm 이상 ③ 굴뚝(단열조치를 하지 아니한 경우), 전기점멸기 및 전기접속기와는 30cm 이상 ④ 전열조치를 하지 아니한 전선과는 15cm 이상
구조상 분류	① 직접측정방식(실측식): 건식계량기(막식, 회전식), 습식계량기(드럼형) ② 간접측정방식(추량식): 터빈식, 벤투리식, 오리피스식, 와류식

배관 이음부와의 이격거리	① 전기계량기 및 전기개폐기와 60cm 이상
	② 전기점멸기 및 전기접속기와 30cm 이상
	③ 절연조치를 하지 않은 전선 및 단열조치를 하지 않은 굴뚝과 15cm 이상
	④ 절연전선과 10cm 이상
배관 시 주의사항	① 배관을 지하에 매설하는 경우에는 지면으로부터 0.6m 이상의 거리를 유지한다.
	② 배관은 그 배관의 강도 유지와 수송하는 도시가스의 누출방지를 위하여 적절한 방법으로 접합하여야 하고, 이를 확인하기 위하여 용접부에 대하여 비파괴시험을 하여야 하며, 접합부의 안전을 유지하기 위하여 필요한 경우에는 응력을 제거한다.
	③ 배관은 도시가스를 안전하게 사용할 수 있도록 하기 위하여 내압성능과 기밀성능을 가지도록 한다.
	④ 배관은 움직이지 않도록 고정 부착하는 조치를 하되 그 호칭지름이 13mm 미만의 것에는 1m마다, 13mm 이상 33mm 미만의 것에는 2m마다, 33mm 이상의 것에는 3m마다 고정장치를 설치한다.
	⑤ 배관은 그 외부에 사용가스명, 최고사용압력 및 도시가스 흐름방향을 표시한다 (단, 지하에 매설하는 배관의 경우에는 흐름방향을 표시하지 아니할 수 있다).
	⑥ 지상배관은 부식방지 도장 후 표면 색상을 황색으로 도색하고, 지하매설배관은 최고사용압력이 저압인 배관은 황색으로, 중압 이상인 배관은 붉은색으로 한다(단, 지상배관의 경우 건축물의 내·외벽에 노출된 것으로서 바닥에서 1m의 높이에 폭 3cm의 황색띠를 2중으로 표시한 경우에는 표면 색상을 황색으로 하지 아니할 수 있다).
	⑦ 건물 규모가 크고 배관 길이가 길면 계통을 나누어 배관한다.
	⑧ 원칙적으로 직선·직각배관으로 한다.
	⑨ 횡주관에는 응축수 유입방지를 위해 1/100 정도의 선하향구배를 준다.
	⑩ 배관 도중 신축흡수를 위한 신축이음을 설치한다.
	⑪ 배관은 주요구조부를 관통하지 않도록 배관한다.
	⑫ 공기보다 무거운 가스에서는 압력강하가, 공기보다 가벼운 가스에서는 압력상승이 일어난다.

빈칸 채우기로 CHAPTER 마무리

❶ 고압은 (   )MPa 이상의 압력을 말한다.

---

❷ 가스계량기의 설치높이는 바닥으로부터 (   )m 이상 (   )m 이내에 수직·수평으로 설치한다.

---

❸ 배관을 지하에 매설하는 경우에는 지면으로부터 (   )m 이상의 거리를 유지한다.

---

❹ 배관은 움직이지 않도록 고정 부착하는 조치를 하되 그 호칭지름이 13mm 미만의 것에는 (   )m 마다, 13mm 이상 33mm 미만의 것에는 (   )m마다, 33mm 이상의 것에는 (   )m 마다 고정장치를 설치한다.

---

❺ 공기보다 무거운 가스에서는 압력(   )가, 공기보다 가벼운 가스에서는 압력(   ) 이 일어난다.

정답

① 1.0   ② 1.6 / 2   ③ 0.6   ④ 1 / 2 / 3   ⑤ 강하 / 상승

07 소방설비

▶ **연계학습** | 에듀윌 기본서 1차 [공동주택시설개론 下] p.184

CHAPTER 미리보기

01 화재 ★★☆	05 가압송수장치 ★★☆
02 소방설비의 분류 ★★☆	06 자동화재탐지설비 ★☆☆
03 소방시설의 분류 ★★★	07 피난구조설비 ★★★
04 스프링클러 시스템 ★★☆	

핵심 01 화재 ★★☆

1. 화재의 분류

분류		발화원	표시
A급 화재	일반화재	나무, 섬유, 종이, 고무, 플라스틱류와 같은 일반 가연물이 타고 나서 재가 남는 화재	백색
B급 화재	유류화재	인화성 액체, 가연성 액체, 석유 그리스, 타르, 오일, 유성도료, 솔벤트, 래커, 알코올 및 인화성 가스와 같은 유류가 타고 나서 재가 남지 않는 화재	황색
C급 화재	전기화재	전류가 흐르고 있는 전기기기, 배선과 관련된 화재	청색
K급 화재	주방화재	주방에서 동식물유를 취급하는 조리기구에서 일어나는 화재	없음

2. 소방시설등의 자체점검 시 점검인력 배치기준

점검인력 1단위가 하루 동안 점검할 수 있는 아파트 세대수는 종합점검과 작동점검에 관계없이 250세대이다.

핵심 02 소방설비의 분류 ★★☆

구분	소화설비	경보설비	피난구조설비	소화활동설비
종류	① 소화기구 ② 옥내소화전설비 ③ 옥외소화전설비 ④ 스프링클러설비 ⑤ 물분무소화설비· 포소화설비·이 산화탄소소화설 비·분말소화설 비 등	① 비상경보설비 ② 단독경보형감지기 ③ 비상방송설비 ④ 누전경보기 ⑤ 자동화재탐지설비 및 시각경보기 ⑥ 자동화재속보설비 ⑦ 가스누설경보기	① 피난기구(피난사 다리·완강기·공 기안전매트·구 조대·피난교) ② 인명구조기구 ③ 유도등 및 유도 표지 ④ 비상조명등	① 제연설비 ② 연결송수관설비 ③ 연결살수설비 ④ 비상콘센트설비 ⑤ 무선통신보조설비 ⑥ 연소방지설비

핵심 03 소방시설의 분류 ★★★

구분		드렌처	스프링클러		옥내소화전	옥외소화전	연결 송수관
최소 방사압력 (MPa)		0.1	0.1 ~ 1.2		0.17	0.25	0.35
설치간격 (m)	수평 2.5		수평거리		25	40	50
			내화구조	2.3			
	수직 4		그 밖에 특정소방 대상물	2.1			
			무대부· 특수가연물 취급 장소	1.7			
표준 방수량 (L/min)		80	80		130	350	2,400
수원의 수량 (m³)		1.6 × N	1.6 × N		2.6 × N (최대 2개, 5.2m³)	7 × N (최대 2개, 14m³)	소화전 1개 방수량 × 20분 × 동시개수구

○ 수원의 수량 = 소화전 1개 방수량 × 20분 × 동시개수구

스프링클러 시스템 ★★☆

방식		1차 측	2차 측	유수검지장치	감지기	적용 장소
폐쇄형	습식	가압수	가압수	알람밸브	없다	일반거실, 사무실 등
	건식		압축(가압) 공기	건식밸브	없다	주차장 등
	준비작동식		저압 또는 대기압	프리액션밸브	있다	주차장 등
개방형 (일체 살수식)		가압수	대기압	일체개방밸브	있다	무대부, 준위험물저장소 등

가압송수장치 ★★☆

1. 용어정리

고가수조	구조물 또는 지형지물 등에 설치하여 자연낙차의 압력으로 급수하는 수조
진공계	대기압 이하의 압력을 측정하는 계측기
연성계	대기압 이상의 압력과 대기압 이하의 압력을 측정할 수 있는 계측기
체절운전	펌프의 성능시험을 목적으로 펌프 토출 측의 개폐밸브를 닫은 상태에서 펌프를 운전하는 것
충압펌프	옥내소화전이나 스프링클러설비 등에서 배관 내의 압력이 누설되었을 경우에 누설된 압력을 보충하는 기능을 하는 펌프
기동용 수압개폐장치 (압력챔버)	배관 내 압력변동이 있는 경우 펌프를 기동 및 정지시키는 것으로, 완충역할을 할 수 있도록 압력챔버 내에 공기를 체류시킴으로써 배관 내의 압력변동을 흡수하여 펌프의 잦은 기동을 방지하고 또한 수격작용도 방지

2. 펌프와 배관

펌프	① 펌프의 토출 측에는 압력계를 체크밸브 이전에 펌프 토출 측 플랜지에서 가까운 곳에 설치하고, 흡입 측에는 연성계 또는 진공계를 설치 ② 가압송수장치에는 정격부하운전 시 펌프의 성능을 시험하기 위한 성능시험배관을 설치 ③ 가압송수장치에는 체절운전 시 수온의 상승을 방지하기 위한 순환배관을 설치 ④ 기동용 수압 개폐장치(압력챔버)를 사용할 경우 그 용적은 100L 이상의 것으로 할 것

	⑤ 펌프의 성능은 체절운전 시 정격토출압력의 140%를 초과하지 아니하고, 정격토출량의 150%로 운전 시 정격토출압력의 65% 이상이 되어야 한다.
배관	① 펌프의 토출 측 주배관의 구경은 유속이 4m/s 이하가 될 수 있는 크기 이상으로 할 것 ② 옥내소화전방수구와 연결되는 가지배관의 구경은 40mm(호스릴옥내소화전설비의 경우 25mm) 이상으로 하여야 하며, 주배관 중 수직배관의 구경은 50mm(호스릴옥내소화전설비의 경우 32mm) 이상으로 할 것 ③ 연결송수관설비의 배관과 겸용할 경우의 주배관은 구경 100mm 이상, 방수구로 연결되는 배관의 구경은 65mm 이상의 것으로 할 것

핵심 06 자동화재탐지설비 ★☆☆

1. 감지기

구분	종류	작동	원리	사용장소	
열 감지기	정온식	일정 온도 이상	금속팽창 (바이메탈)	온도 변화가 크고 화기나 열원을 취급하는 보일러실, 주방, 건조실 등에 사용	
	차동식	일정 온도 상승률 이상	공기팽창 (다이어프램)	스폿형	① 한곳에 부착하는 방식 ② 비교적 온도 변화가 작은 빌딩 내 주차장, 거실, 사무실 등 부착 높이가 8m 미만의 장소에 주로 설치
				분포형	① 천장에 공기관(동파이프)을 설치하여 넓은 지역의 온도상승을 감지 ② 공장, 창고, 체육관 등 부착 높이가 15m 미만의 장소에 사용
	보상식	정온식 + 차동식			
연기 감지기	이온화	① 층고가 15m 이상 20m 미만인 장소로, 초기화재를 감지하기가 곤란할 경우 ② 화염보다 연기가 빨리 전달되는 장소에 사용하는 감지기 ③ 계단, 복도, 무대 등에 사용			
	광전식				

2. 발신기

① 특정소방대상물의 층마다 설치하되, 해당 소방대상물의 각 부분으로부터 하나의 발신기까지의 수평거리가 25m 이하가 되도록 하여야 한다(단, 복도 또는 별도로 구획된 실로서 보행거리가 40m 이상일 경우에는 추가로 설치하여야 한다).

② 조작이 쉬운 장소에 설치하고, 스위치는 바닥으로부터 0.8m 이상 1.5m 이하의 높이에 설치한다.

③ 발신기의 위치를 표시하는 표시등은 함의 상부에 설치하되, 그 불빛은 부착면으로부터 15° 이상의 범위 안에서 부착지점으로부터 10m 이내의 어느 곳에서도 쉽게 식별할 수 있는 적색등으로 하여야 한다.

3. 누전경보기

① 경계전로의 정격전류가 60A를 초과하는 전로에 있어서는 1급 누전경보기를, 60A 이하의 전로에 있어서는 1급 또는 2급 누전경보기를 설치할 것. 다만, 정격전류가 60A를 초과하는 경계전로가 분기되어 각 분기회로의 정격전류가 60A 이하로 되는 경우 당해 분기회로마다 2급 누전경보기를 설치한 때에는 당해 경계전로에 1급 누전경보기를 설치한 것으로 본다.

② 변류기를 옥외의 전로에 설치하는 경우에는 옥외형으로 설치하여야 한다.

③ 음향장치는 수위실 등 상시 사람이 근무하는 장소에 설치하여야 하며, 그 음량 및 음색은 다른 기기의 소음 등과 명확히 구별할 수 있는 것으로 하여야 한다.

④ 전원은 분전반으로부터 전용회로로 하고, 각 극에 개폐기 및 15A 이하의 과전류 차단기(배선용 차단기에 있어서는 20A 이하의 것으로 각 극을 개폐할 수 있는 것)를 설치하여야 한다.

⑤ 전원을 분기할 때에는 다른 차단기에 따라 전원이 차단되지 아니하도록 하여야 한다.

⑥ 전원의 개폐기에는 '누전경보기용'임을 표시한 표지를 하여야 한다.

1. 피난기구

종류	정의
피난사다리	화재 시 긴급대피를 위해 사용하는 사다리를 말한다.
피난교	① 건축물의 옥상층 또는 그 이하의 층에서 화재발생 시 옆 건축물로 피난하기 위해 설치하는 피난기구이다. ② 평상시에는 건축물 내에 접어두었다가 화재가 발생하면 신속하게 옆 건축물에 설치하여 이웃 건축물로 안전하게 피난할 수 있도록 가교 역할을 해주는 피난기구이다.
완강기	사용자의 몸무게에 따라 자동적으로 내려올 수 있는 기구 중 사용자가 교대하여 연속적으로 사용할 수 있는 것을 말한다.
간이완강기	사용자의 몸무게에 따라 자동적으로 내려올 수 있는 기구 중 사용자가 연속적으로 사용할 수 없는 것을 말한다.
피난용 트랩	화재층과 직상층을 연결하는 계단형태의 피난기구이다.
구조대	포지 등을 사용하여 자루형태로 만든 것으로서 화재 시 사용자가 그 내부에 들어가서 내려옴으로써 대피할 수 있는 것을 말한다.
공기안전매트	화재 발생 시 사람이 건축물 내에서 외부로 긴급히 뛰어내릴 때 충격을 흡수하여 안전하게 지상에 도달할 수 있도록 포지에 공기 등을 주입하는 구조로 되어 있는 것을 말한다.
다수인피난장비	화재 시 2인 이상의 피난자가 동시에 해당층에서 지상 또는 피난층으로 하강하는 피난기구를 말한다.
승강식 피난기	사용자의 몸무게에 의하여 자동으로 하강하고 내려서면 스스로 상승하여 연속적으로 사용할 수 있는 무동력 승강식피난기를 말한다.
하향식 피난구용 내림식 사다리	하향식 피난구 해치에 격납하여 보관하고, 사용 시에는 사다리 등이 소방대상물과 접촉되지 않는 내림식 사다리를 말한다.

PART 2

2. 유도등 및 유도표지

(1) 용어정리

유도등	화재 시에 피난을 유도하기 위한 등으로서 정상상태에서는 상용전원에 따라 켜지고 상용전원이 정전되는 경우에는 비상전원으로 자동전환되어 켜지는 등을 말한다.
피난구유도등	피난구 또는 피난경로로 사용되는 출입구를 표시하여 피난을 유도하는 등을 말한다.
통로유도등	피난통로를 안내하기 위한 유도등으로 복도통로유도등, 거실통로유도등, 계단통로유도등을 말한다.
피난구유도표지	피난구 또는 피난경로로 사용되는 출입구를 표시하여 피난을 유도하는 표지를 말한다.
통로유도표지	피난통로가 되는 복도, 계단 등에 설치하는 것으로서 피난구의 방향을 표시하는 유도표지를 말한다.
피난유도선	햇빛이나 전등불에 따라 축광하거나 전류에 따라 빛을 발하는 유도체로서 어두운 상태에서 피난을 유도할 수 있도록 띠 형태로 설치되는 피난유도시설을 말한다.

(2) 유도등

설치기준	피난구유도등	피난구의 바닥으로부터 높이 1.5m 이상으로서 출입구에 인접하도록 설치하여야 한다.
	복도통로유도등	구부러진 모퉁이 및 「유도등 및 유도표지의 화재안전기준」에 따라 설치된 통로유도등을 기점으로 보행거리 20m마다 설치하고, 바닥으로부터 높이 1m 이하의 위치에 설치하여야 한다.
	거실통로유도등	구부러진 모퉁이 및 보행거리 20m마다 설치하고, 바닥으로부터 높이 1.5m 이상의 위치에 설치하여야 한다.
	계단통로유도등	각 층의 경사로참 또는 계단참마다 설치하고, 바닥으로부터 높이 1m 이하의 위치에 설치하여야 한다.
비상전원	① 축전지로 할 것 ② 유도등을 20분 이상 유효하게 작동시킬 수 있는 용량으로 할 것. 다만, 지하층 또는 지하층을 제외한 층수가 11층 이상의 층인 특정소방대상물의 경우에는 그 부분에서 피난층에 이르는 부분의 유도등을 60분 이상 유효하게 작동시킬 수 있는 용량으로 하여야 한다.	

(3) 유도표지 설치기준

① 계단에 설치하는 것을 제외하고는 각 층마다 복도 및 통로의 각 부분으로부터 하나의 유도표지까지의 보행거리가 15m 이하가 되는 곳과 구부러진 모퉁이의 벽에 설치해야 한다.

② 피난구유도표지는 출입구 상단에 설치하고, 통로유도표지는 바닥으로부터 높이 1m 이하의 위치에 설치해야 한다.

빈칸 채우기로 CHAPTER 마무리

❶ 점검인력 1단위가 하루 동안 점검할 수 있는 아파트 세대수는 종합점검의 경우 (   )세대이다.

❷ (   )는 대기압 이상의 압력과 대기압 이하의 압력을 측정할 수 있는 계측기이다.

❸ 기동용 수압 개폐장치(압력챔버)를 사용할 경우 그 용적은 (   )ℓ 이상의 것으로 할 것

❹ 펌프의 성능은 체절운전 시 정격토출압력의 (   )%를 초과하지 아니하고, 정격토출량의 (   )%로 운전 시 정격토출압력의 (   )% 이상이 되어야 한다.

❺ 경계전로의 정격전류가 60A를 초과하는 전로에 있어서는 (   ) 누전경보기를, 60A 이하의 전로에 있어서는 1급 또는 2급 누전경보기를 설치할 것

❻ (   )는 사용자의 몸무게에 따라 자동적으로 내려올 수 있는 기구 중 사용자가 연속적으로 사용할 수 없는 것을 말한다.

❼ (   )는 화재 시 2인 이상의 피난자가 동시에 해당층에서 지상 또는 피난층으로 하강하는 피난기구를 말한다.

❽ 피난구유도등은 피난구의 바닥으로부터 높이 (   )m 이상으로서 출입구에 인접하도록 설치하여야 한다.

❾ 거실통로유도등은 구부러진 모퉁이 및 보행거리 20m마다 설치하고, 바닥으로부터 높이 (   )m 이상의 위치에 설치하여야 한다.

❿ 계단통로유도등은 각 층의 경사로참 또는 계단참마다 설치하고, 바닥으로부터 높이 (   )m 이하의 위치에 설치하여야 한다.

정답
① 250 ② 연성계 ③ 100 ④ 140 / 150 / 65 ⑤ 1급 ⑥ 간이완강기 ⑦ 다수인피난장비 ⑧ 1.5
⑨ 1.5 ⑩ 1

08 난방 및 냉동설비

▶ **연계학습** | 에듀윌 기본서 1차 [공동주택시설개론 下] p.233　　　회독체크 1 2 3

CHAPTER 미리보기

01 방열기(Radiator) ★★☆　　　05 지역난방의 장단점 ★★☆

02 온수난방과 증기난방의 비교 ★★★　　06 냉동기의 성능 ★★☆

03 난방설비의 순환방식 ★☆☆　　　07 냉매종류 ★★★

04 복사난방 ★★★　　　08 냉동기의 비교 ★★★

핵심 01 **방열기**(Radiator) ★★☆

도면상의 표시법	① 중앙의 상단부: 섹션 수
	② 중앙부: 방열기의 종별과 높이
	③ 중앙의 하단부: 유입관과 유출관의 관경
방열기의 표준방열량	① 표준상태일 때 방열면적 1m²당 방열되는 방열량
	② 온수난방: 0.523kW/m²(표준상태 온수 80℃, 실온 18.5℃)
	③ 증기난방: 0.756kW/m²(표준상태 증기 102℃, 실온 18.5℃)
상당 방열면적 (EDR)	① 보일러의 능력을 방열기의 방열면적으로 표시한 값
	② 상당방열면적(EDR) $= \dfrac{\text{총손실열량(난방부하)}}{\text{표준방열량}}$
	③ 방열기 절(섹션) 수 $= \dfrac{\text{총손실열량}}{\text{표준방열량} \times \text{방열기 1절 면적}}$

온수난방과 증기난방의 비교 ★★★

구분	온수난방	증기난방
이용 열	현열	잠열
열 운반능력	작다	크다
예열 시간	길다	짧다
방열량 및 방열면적	방열량이 작아 방열면적 크다.	방열량이 커서 방열면적 작다.
온도 조절 및 방열량 제어	쉽다	어렵다
비용 측면 (연료비, 배관비)	불리	유리
실내 쾌감도	크다	작다
소음	작다	크다(스팀사일런서 부착)
화상 우려	작다	크다
환수배관의 부식	작다	쉽다
환수관 동결 우려	크다	작다
환수 방법	중력식, 기계식	중력식, 기계식, 진공환수식
관련 부속기기	리턴콕, 3방밸브, 팽창탱크, 팽창관	증기트랩, 감압밸브, 인젝터, 2중서비스 밸브, 증기헤더
	공통기기: 방열기밸브, 공기빼기밸브 등	
관련 배관방법	역환수 배관(리버스리턴방식)	냉각다리, 하트포드 접속, 리프트 이음
사용 장소	주택, 병원 등	사무실, 학교, 공장 등

PART 2

난방설비의 순환방식 ★☆☆

구분	적용난방	개념	방열기의 설치위치 제한	공기빼기 밸브
중력식	온수, 증기	응축수를 중력만으로 보일러에 환수하는 방식	있다. (항상 보일러보다 높은 위치)	○
기계 (강제)식	온수, 증기	환수관 말단의 수수탱크에 응축수를 모아 순환펌프로 보일러에 급수하는 방식	없다. (보일러와 동일면상이나 낮은 위치 가능)	○
진공 환수식	증기	저압증기난방에서 환수관 말단에 진공펌프를 접속하여 진공압력으로 응축수의 흐름을 촉진	없다.	×

핵심 04 **복사난방** ★★★

1. 복사난방의 장단점

장점	① 실내 상부와 하부의 온도차가 작고, 온도분포가 균등하다. ② 인체에 대한 쾌감도가 가장 높은 난방방식이다. ③ 천장높이가 높은 장소에서도 난방효과가 있다. ④ 실내에 방열기가 없기 때문에 바닥면의 이용도가 높다. ⑤ 실내온도가 낮아도 난방효과가 있으며, 손실열량이 적다. ⑥ 방을 개방상태로 하여도 난방효과가 우수하다.
단점	① 외기온도가 급변할 때 방열량 조절이 어렵다. ② 열용량이 크기 때문에 예열시간이 길어, 설정온도 도달시간이 오래 걸린다. ③ 건축물 자체의 보온성이 잘 시공되어 있지 않으면 유효성이 떨어진다. ④ 설비비가 많이 든다. ⑤ 난방배관을 매설하게 되므로 시공 및 수리, 방의 모양 변경이 용이하지 않다. ⑥ 바닥패널에 하자발생 시 원인 및 고장 지점을 찾기가 어렵다. ⑦ 바닥두께 및 하중이 증대되고, 설비비가 많이 든다.

2. 온수온돌

구성	바탕층	온돌이 설치되는 건축물의 최하층 또는 중간층의 바닥을 말한다.
	단열층	온수온돌의 배관층에서 방출되는 열이 바탕층 아래로 손실되는 것을 방지하기 위하여 배관층과 바탕층 사이에 단열재를 설치하는 층을 말한다.
	채움층	온돌구조의 높이 조정, 차음성능 향상, 보조적인 단열기능 등을 위하여 배관층과 단열층 사이에 완충재 등을 설치하는 층을 말한다.
	배관층	단열층 또는 채움층 위에 방열관을 설치하는 층을 말한다.
	방열관	열을 발산하는 온수를 순환시키기 위하여 배관층에 설치하는 온수배관을 말한다.
	마감층	배관층 위에 시멘트, 모르타르, 미장 등을 설치하거나 마루재, 장판 등 최종 마감재를 설치하는 층을 말한다.
설치기준		① 단열층은 바닥난방을 위한 열이 바탕층 아래 및 측벽으로 손실되는 것을 막을 수 있도록 단열재를 방열관과 바탕층 사이에 설치하여야 한다(단, 바탕층의 축열을 직접 이용하는 심야전기이용 온돌의 경우에는 단열재를 바탕층 아래에 설치할 수 있다). ② 배관층과 바탕층 사이의 열저항은 「녹색건축물 조성 지원법」 제15조 제1항에 따라 국토교통부장관이 정하여 고시하는 기준에 적합해야 한다. ③ 바탕층이 지면에 접하는 경우에는 바탕층 아래와 주변 벽면에 높이 10cm 이상의 방수처리를 하여야 하며, 단열재의 윗부분에 방습처리를 하여야 한다. ④ 마감층은 수평이 되도록 설치하여야 하며, 바닥의 균열을 방지하기 위하여 충분하게 양생하거나 건조시켜 마감재의 뒤틀림이나 변형이 없도록 하여야 한다.

지역난방의 장단점 ★★☆

장점	① 건물이 밀집되어 있을수록 배관매설비용이 줄어들고 열효율이 좋다. ② 각 건물의 설비면적이 줄어들어 유효면적이 증대된다. ③ 열병합 발전인 경우, 미활용 에너지를 이용할 수 있어 에너지 절약의 효과가 있다. ④ 각 건물기기로 인한 소음이 줄어든다. ⑤ 화재의 위험을 줄일 수 있어 건물의 안전성이 확보된다. ⑥ 대기오염이 줄어 공해방지에 효과적이다. ⑦ 인건비 및 유지비가 적게 든다.
단점	① 건물이 플랜트로부터 멀리 떨어질수록 배관이 길어져 열손실이 크다. ② 초기 시설투자비가 높다. ③ 열원기기의 용량 제어가 어렵다. ④ 고도의 숙련된 기술자가 필요하다. ⑤ 지역의 사용량이 적을수록 한 세대가 분담해야 될 기본요금이 높아진다. ⑥ 시간적·계절적 변동이 크다.

핵심 06 **냉동기의 성능** ★★☆

냉동톤(RT)	24시간 동안 0℃의 물 1톤(1,000kg)을 0℃의 얼음으로 만들 때 필요한 냉동능력
성적계수 (COP)	① 냉동의 성적(성능)을 표시하는 척도 ② 냉동장치(냉동효과)로부터 냉각된 열량과 장치를 운전하는 데 요하는 일(압축일)과의 비
특징	① 냉매의 압력과 엔탈피의 관계를 나타낸 몰리에르 선도를 이용하여 산정한다. ② 냉동사이클에 있어서의 성적계수는 냉매를 압축하는 작업의 열량에 대해 냉동효과가 클수록 성적계수가 높아진다. ③ 성적계수의 값이 크면 냉동능률이 좋으며, 동일 냉동기에서도 증발온도(증발압력)가 높을수록, 응축온도(응축압력)가 낮을수록 성적계수가 커진다. ④ 성적계수가 높을수록 냉동효과가 뛰어난 것이므로 냉동기 성능이 우수하고, 에너지 효율이 좋다.

핵심 07 **냉매종류** ★★★

종류	특징
암모니아	① 오래전부터 사용되어 왔고 제빙·냉동용은 거의 이 냉매를 사용하고 있지만, 독성·연소성의 결점이 있기 때문에 근래에는 공중이 많이 모이는 장소에는 사용되지 않는다. ② 가격이 싸고 효율이 우수한 냉매이다.
프레온 (Freon)	① 암모니아보다는 안전하지만, 가격이 비싸고, 윤활유를 잘 녹이며, 수분에 용해되고, 혼합하면 부식성이 강하게 되는 결점이 있다. ② 최근에는 프레온계의 가스가 지구의 오존층을 파괴하는 등 환경파괴의 주요 인자로 확인되어 앞으로 사용이 규제된다. ③ R−12는 가장 일반적인 냉매로서 압력은 중립이고 가정용 냉동기에서부터 대형 왕복식 압축기에 이르기까지 사용된다.
물 (H_2O)	① 비열이 크고, 열운반 능력이 좋다. ② 0℃ 이하에서는 동결하여 사용할 수 없다. ③ 일반 냉방에 사용된다.

핵심 08 **냉동기의 비교** ★★★

구분	압축식	흡수식
냉동사이클	압축기 ⇨ 응축기 ⇨ 팽창밸브 ⇨ 증발기	흡수기 ⇨ 재생기 ⇨ 응축기 ⇨ 증발기
구성	① 압축기(저압 ⇨ 고압) ② 응축기 ③ 팽창밸브(고압 ⇨ 저압) ④ 증발기(냉각작용)	① 흡수기 ② 재생기(발생기) ③ 응축기 ④ 증발기(냉각작용)
냉매	프레온, 암모니아	물(흡수액: 리튬브로마이드 용액)

특징	① 흡수식에 비해서 운전이 용이하고 낮은 온도의 냉수를 얻을 수 있다. ② 전기를 이용함으로써 전력소비가 많고 소음 및 진동이 발생한다. ③ 냉매로 프레온가스나 암모니아가스 등을 사용하므로 오존층 파손의 우려가 있다. ④ 터보식을 제외하고는 고압가스법을 적용한다.	① 압축기가 없고 도시가스를 주원료로 사용하므로 전력소비가 적다. ② 부하변동에 안정적이며, 소음이나 진동이 작고, 진공상태에서 운전되므로 안전하다. ③ 2중효용 흡수식 냉동기에는 재생기가 2개(고온, 저온)가 있다. ④ 낮은 온도(6℃ 이하)의 냉수를 얻기가 어렵고, 여름에도 보일러를 가동해야 한다. ⑤ 압축식에 비해 예냉시간이 길고, 설치면적·높이·중량이 크기 때문에 냉각탑을 크게 해야 한다.

빈칸 채우기로 CHAPTER 마무리

❶ 복사난방은 천장높이가 높은 장소에서도 난방효과가 (   ).

❷ 복사난방은 열용량이 크기 때문에 예열시간이 (   ) 설정온도 도달시간이 오래 걸린다.

❸ (   )은 온수온돌의 배관층에서 방출되는 열이 바탕층 아래로 손실되는 것을 방지하기 위하여 배관층과 바탕층 사이에 단열재를 설치하는 층을 말한다.

❹ 지역난방은 인건비 및 연료비가 (   )되고, 열효율이 (   ).

❺ 성적계수의 값이 크면 냉동능률이 좋으며, 동일 냉동기에서도 증발온도(증발압력)가 높을수록, 응축온도(응축압력)가 낮을수록 성적계수가 (   ).

❻ 압축식 냉동기는 전기를 이용함으로써 전력소비가 많고 소음 및 진동이 (   )한다.

정답
① 있다   ② 길어   ③ 단열층   ④ 절약 / 좋다   ⑤ 커진다   ⑥ 발생

▶ **연계학습** | 에듀윌 기본서 1차 [공동주택시설개론 下] p.280

회독체크 1 2 3

PART 2

CHAPTER 미리보기

01 공기조화 부하 ★☆☆　　　04 기계환기(강제환기) ★★★

02 공기조화설비 계획 ★★☆　　　05 환기설비의 공식 ★★☆

03 공기조화설비의 장치 ★☆☆

핵심 01　**공기조화 부하** ★☆☆

구분	냉방부하	난방부하
열량	손실열량(상당외기온도) + 취득(획득) 열량	외부손실열량만 포함
현열	① 전열부하(온도차에 의하여 벽체, 천장 등을 통한 취득열량) ② 일사부하(유리로부터의 취득열량) ③ 조명 발열부하 ④ 덕트에서의 취득열량	① 벽체(⑩ 벽, 바닥, 지붕, 창, 문 등) 등을 통한 손실열량 ② 극간풍(틈새바람)에 의한 손실열량 ③ 외기에 의한 손실열량 ④ 장치(덕트)에 의한 손실열량
현열과 잠열	① 틈새바람에 의한 열량 ② 인체에서의 발생열 ③ 실내설비에 의한 실내 발생열량 ④ 외기부하(환기부하) ⑤ 송풍기에 의한 취득열량	◐ 일사량, 인체발열량, 조명의 발열량은 포함이 안 된다.

조닝종류	① **부하별**: 외기온도의 영향에 따른 외부존과 내부존 및 위치별 구분 ② **방위별**: 일사 및 일조조건이 다른 동·서·남·북의 존으로 구분 ③ **사용시간별**: 각 실의 사용시간대를 검토하여 사용시간이 동일한 것끼리 합쳐서 구획 ④ **사용목적별**: 각 실의 사용목적별로 구획 ⑤ **사용자별**: 임대건물 등에서 사용자별로 조닝(운전 및 유지비 부과 용이)
에너지 절약방안	① 부하특성, 사용시간대, 사용조건 등을 고려하여 냉난방조닝 ② 냉난방 시 외기도입량을 최소로 한다. ③ 에너지효율이 높은 설비기기를 선택 ④ 쾌적성을 유지하는 범위 내에서 겨울철 실내난방온도를 가급적 낮게 유지 ⑤ 중간기(中間期)에 외기의 엔탈피가 실내공기의 엔탈피보다 낮을 경우, 외기를 이용하여 냉방 ⑥ 열원기기는 부하발생 패턴에 맞추어, 대수를 분리하여 제어가 가능하도록 설치 ⑦ 난방순환수 펌프는 운전효율을 증대시키기 위한 대수제어 또는 가변속제어방식 등을 채택 ⑧ 공기조화기 팬은 부하변동에 따른 풍량제어가 가능하도록 흡인베인제어방식, 가변익축류방식 등을 채택 ⑨ 동절기에 히트펌프를 이용하여 난방할 경우에는 가능한 한 보조열원의 운전을 최소화

공기조화기 구성요소	공기여과기(에어필터), 공기냉각기(냉각코일), 공기가열기(가열코일), 가습기, 송풍기	
송풍기	축동력	$$송풍기의 축동력 = \frac{Q \times P_T}{6,120E} \text{ (kW)}$$ Q: 송풍기의 풍량(m^3/min) P_T: 송풍기의 전압(mmAq) E: 효율(%)
	회전수의 변화와 송풍기의 성능	① 풍량은 회전수에 비례 ② 정압은 회전수의 제곱에 비례 ③ 축동력은 회전수의 3제곱에 비례

기계환기(강제환기) ★★★

1. 환기방법

종류	내용
제1종 환기 (병용식)	① 송풍기와 배풍기를 이용한 강제적인 환기방식이다. ② 환기량 조절이 자유롭다. ③ 용도: 병원의 수술실, 보일러실 등
제2종 환기 (압입식)	① 송풍기를 이용해 강제적으로 외부 공기를 도입하고 오염된 실내공기는 배기구나 개구부를 통해 자연으로 배출하는 환기방식이다. ② 용도: 반도체공장, 무균실, 창고 등
제3종 환기 (흡출식)	① 급기구나 개구부를 통해 외부 공기를 도입하고 오염된 실내공기는 배풍기로 강제적으로 실외로 배출하는 환기방식이다. ② 용도: 취기나 열기가 발생하는 주방, 화장실, 욕실 등

2. 신축공동주택의 기계환기설비 설치기준

① 기계환기설비의 환기기준은 시간당 실내공기 교환횟수(환기설비에 의한 최종 공기 흡입구에서 세대의 실내로 공급되는 시간당 총체적풍량을 실내 총체적으로 나눈 환기횟수를 말한다)로 표시하여야 한다.

② 하나의 기계환기설비로 세대 내 2 이상의 실에 바깥공기를 공급할 경우의 필요환기량은 각 실에 필요한 환기량의 합계 이상이 되도록 하여야 한다.

③ 세대의 환기량 조절을 위하여 환기설비의 정격풍량을 최소·적정·최대의 3단계 또는 그 이상으로 조절할 수 있는 체계를 갖추어야 하고, 적정 단계의 필요환기량은 신축공동주택 등의 세대를 시간당 0.5회로 환기할 수 있는 풍량을 확보하여야 한다.

④ 기계환기설비는 신축공동주택 등의 모든 세대가 환기횟수를 만족시킬 수 있도록 24시간 가동할 수 있어야 한다.

⑤ 기계환기설비의 각 부분의 재료는 충분한 내구성 및 강도를 유지하여 작동되는 동안 구조 및 성능에 변형이 없도록 하여야 한다.

⑥ 기계환기설비는 환기의 효율을 극대화할 수 있는 위치에 설치하여야 하고, 바깥공기의 변동에 의한 영향을 최소화할 수 있도록 공기흡입구 또는 배기구 등에 완충장치 또는 석쇠형 철망 등을 설치하여야 한다.

⑦ 기계환기설비는 주방 가스대 위의 공기배출장치, 화장실의 공기배출 송풍기 등 급속 환기설비와 함께 설치할 수 있다.

⑧ 기계환기설비에서 발생하는 소음은 대표길이 1m에서 측정하여 40dB 이하가 되어야 하는 것이 원칙이다.

⑨ 외부에 면하는 공기흡입구와 배기구는 교차오염을 방지할 수 있도록 1.5m 이상의 이격거리를 확보하거나, 공기흡입구와 배기구의 방향이 서로 90° 이상 되는 위치에 설치되어야 하고, 화재 등 유사시 안전에 대비할 수 있는 구조와 성능이 확보되어야 한다.

⑩ 에너지 절약을 위하여 열회수형 환기장치를 설치할 경우, 열회수형 환기장치의 유효환기량이 표시용량의 90% 이상이어야 한다.

핵심 05 환기설비의 공식 ★★☆

1. 환기횟수 산정식

$$환기횟수(회/h) = \frac{환기량}{실의\ 용적(=\ 바닥면적 \times 층높이)}$$

2. 환기량 산정식

$$환기량(m^3/h) = \frac{실내의\ CO_2\ 배출량}{실내\ CO_2\ 허용농도 - 실외\ CO_2\ 농도}$$

빈칸 채우기로 CHAPTER 마무리

❶ 쾌적성을 유지하는 범위 내에서 겨울철 실내난방온도를 가급적 (   ) 유지한다.

❷ 중간기(中間期)에 외기의 엔탈피가 실내공기의 엔탈피보다 (   ) 경우, 외기를 이용하여 냉방한다.

❸ 세대의 환기량 조절을 위하여 환기설비의 정격풍량을 최소·적정·최대의 (   )단계 또는 그 이상으로 조절할 수 있는 체계를 갖추어야 하고, 적정 단계의 필요환기량은 신축공동주택 등의 세대를 시간당 (   )회로 환기할 수 있는 풍량을 확보하여야 한다.

❹ 에너지 절약을 위하여 열회수형 환기장치를 설치할 경우, 열회수형 환기장치의 유효환기량이 표시용량의 (   )% 이상이어야 한다.

정답

① 낮게   ② 낮을   ③ 3 / 0.5   ④ 90

▶ **연계학습** | 에듀윌 기본서 1차 [공동주택시설개론 下] p.299

회독체크 1 2 3

CHAPTER 미리보기

01 전기설비의 용어정리 ★★☆
02 수변전설비 ★★☆
03 간선 ★☆☆
04 분전반 ★☆☆
05 배선공사방법 ★★★
06 공동주택 전기자동차 충전시설의 설치 ★☆☆

07 방재설비 ★★☆
08 조명설비 ★★☆
09 교류 vs 직류 엘리베이터 ★★☆
10 비상용 승강기 설치기준 ★★☆
11 엘리베이터 안전장치 ★★★

핵심 01 전기설비의 용어정리 ★★☆

전압	① **저압**: 직류 1,500V 이하, 교류 1,000V 이하 ② **고압**: 직류 1,500V 초과 ~ 7,000V 이하, 　　　　　교류 1,000V 초과 ~ 7,000V 이하 ③ **특고압**: 직류 또는 교류 7,000V 초과 ④ 전압(V) = 전류(I) × 저항(R)
역률	① 피상전력(전압 × 전류)에 대한 유효(실효)전력의 비 ② 역률$(cos\theta) = \dfrac{유효전력(부하로\ 실제\ 소비되는\ 전력)}{피상전력(전원에서\ 공급되는\ 전력)}$ ③ 역률값은 0 ~ 1 사이의 값으로 1에 가까울수록 좋다. ④ 역률의 개선을 목적으로 각 기기마다 콘덴서를 설치한다.
분산형전원	중앙급전 전원과 구분되는 것으로서 전력소비지역 부근에 분산하여 배치 가능한 전원(상용전원의 정전 시에만 사용하는 비상용 예비전원은 제외)을 말하며, 신·재생에너지 발전설비, 전기저장장치 등을 포함한다.
인버터	전력용 반도체소자의 스위칭 작용을 이용하여 직류전력을 교류전력으로 변환하는 장치를 말한다.
단순 병렬운전	자가용 발전설비나 저압 소용량 일반용 발전설비를 배전계통에 연계하여 운전하되, 생산한 전력의 전부를 자체적으로 소비하기 위한 것으로서 생산한 전력이 연계계통으로 유입되지 않는 병렬 형태를 말한다.

무정전 전원장치 (UPS)	상용 전원에서 일어날 수 있는 전원 장애를 극복하여 좋은 품질의 안정된 교류 전력을 공급하는 장치를 말한다.
DDC (Direct Digital Control)	공동주택에서 난방설비, 급수설비 등의 제어 및 상태감시를 위해 사용하는 현장제어 장치를 말한다.

핵심 02 수변전설비 ★★☆

설비용량 추정	① 설계 초기의 불분명한 부하를 건물의 용도나 규모 등에 따라 과거의 실적을 토대로 각 부하마다의 소요전력을 추정하는 것 ② 변전설비의 기본계획에서 가장 먼저 산출 ③ 부하설비 용량(VA) = 부하밀도(VA/m^2) × 연면적(m^2)
설비용량 결정	① 수용률(수요율) $= \dfrac{\text{최대수용전력}(kW)}{\text{부하설비용량}(kW)} \times 100(\%) \leq 1 \ (0.4 \sim 1.0)$ ② 부하율 $= \dfrac{\text{평균수용전력}(kW)}{\text{최대수용전력}(kW)} \times 100(\%) \leq 1 \ (0.25 \sim 0.6)$ ③ 부등률 $= \dfrac{\text{개별 부하의 최대수용전력의 합계}(kW)}{\text{합계(합성) 부하의 최대수용전력}(kW)} \times 100(\%) \geq 1 \ (1.1 \sim 1.5)$

핵심 03 간선 ★☆☆

설계순서	① 간선 부하의 용량 결정 ② 전기방식(배전방식)과 배선방식 결정 ③ 배선방법 결정 ④ 전선의 굵기 결정(허용전류, 전압강하, 기계적 강도)
배전설비	① 배전설비란 발전소로부터 송전받은 전력을 변전실에서 저압의 전력으로 변환하여 건물의 용도에 맞게 각 수용가로 분배하여 공급하는 설비이다. ② 배전반은 각종 계기류, 계전기류 및 개폐기류를 1개소에 집중시켜 놓기 위한 것이다. ③ 주택용 분전반은 노출된 장소(신발장, 옷장 등의 은폐된 장소는 제외한다)에 시설한다. ④ 노출된 충전부가 있는 배전반 및 분전반은 취급자 이외의 사람이 쉽게 출입할 수 없도록 설치하여야 한다.

		⑤ 한 개의 분전반에는 한 가지 전원(1회선의 간선)만 공급하여야 한다. 다만, 안전 확보가 충분하도록 격벽을 설치하고 사용전압을 쉽게 식별할 수 있도록 그 회로의 과전류차단기 가까운 곳에 그 사용전압을 표시하는 경우에는 그러하지 아니하다.
		⑥ 옥내에 설치하는 배전반 및 분전반은 불연성 또는 난연성이 있도록 시설한다.
배선방식	평행식 (개별식)	① 각 분전반마다 배전반에서 단독으로 배선되는 방식으로, 전압강하가 평균적이다. ② 사고의 범위를 좁힐 수 있다. ③ 배선이 복잡하고 설비비가 많이 소요되나, 대규모 건물에 적합하다.
	수지상식 (나뭇가지식)	① 한 개의 간선이 각각의 분전반을 배선한다. ② 시설비가 경제적이나 말단분전반에서 전압강하가 커질 수 있어 사고발생 시 파급범위가 크다. ③ 전동기가 넓게 분산되어 있는 건축물이나, 소규모 건축물에 적합하다. ④ 굵기가 변하는 접속점에는 보완장치가 요구된다.
	병용식	평행식과 수지상식(나뭇가지식)을 병용한 것으로, 가장 많이 사용한다.

핵심 **04** **분전반** ★☆☆

설치 시 주의사항	① 주개폐기는 나이프 스위치나 노퓨즈 브레이커를 사용한다. ② 고층건물은 가능한 한 파이프 샤프트 부근에 설치한다. ③ 분전반은 복도나 계단 근처의 벽에 설치한다. ④ 1개 층에 분전반 1개 이상씩 설치한다(매 층마다 설치). ⑤ 분전반 1개에는 분기회로를 20회선 이내(예비회로 포함 40회선)로 설치한다.
분기회로	① 분기회로에 별도의 분기개폐기를 설치하여 사고 시 피해범위를 제한한다. ② 분기회로 1개의 길이는 30m 이내로 한다. ③ 같은 실 또는 같은 방향의 아웃렛, 계단의 복도 등은 동일회로로 한다. ④ 습기 있는 곳의 아웃렛은 별도회로로 한다. ⑤ 전등 및 콘센트회로는 별도회로로 하며, 보통 15A 분기로 한다.

배선공사방법 ★★★

금속몰드 공사	① 철재 홈통의 바닥에 전선을 인입하고 뚜껑을 덮는 공사 ② 접속점이 없는 절연전선을 사용한다. ③ 분기가 용이하여 분기 증설용으로 사용하고 건조한 노출장소에 채용한다.
경질비닐관 공사	① 중량이 가볍고 시공이 용이하다. ② 관 자체는 절연성, 내식성이 좋으나 내열성 및 내충격성이 작다. ③ 특수 화학공장 또는 연구실 등에 적합하다.
금속관 공사	① 접속점이 없는 절연전선을 사용하며, 주로 철근콘크리트 건물의 매입배선 등에 사용한다. ② 화재에 대한 위험성이 적고, 기계적 손상에 안전하다. ③ 전선의 인입 및 교체가 용이하다. ④ 전기증설이 복잡하고 누전을 방지할 수 없으며 보수공사가 어렵다.
가요전선관 공사	① 주름관 안에 전선을 넣는 공사 ② 콘크리트에 매입하면 안 된다. ③ 굴곡이 많아 금속관공사를 하기 어려운 곳에 적합하다. ④ 전동기 배선, 엘리베이터 배선, 전차 내의 배선, 천장 내의 배선 등에 적합하다.
금속덕트 공사	① 전선을 금속덕트에 넣어 배선하는 공사로, 천장이나 벽면에 노출시켜 설치한다. ② 큰 공장이나 빌딩 등에서 증설공사를 할 경우, 전기 배선 변경이 용이하여 자주 이용한다.
버스덕트 공사	① 공장, 빌딩 등에 있어서 비교적 큰 전류가 통하는 간선공사에 사용한다. ② 배선변경을 할 필요가 없으며 대용량의 동력 배선 전용으로 사용한다.
라이팅덕트 공사	화랑의 벽면조명과 같이 광원을 이동시킬 필요가 있는 경우에 사용한다.

공동주택 전기자동차 충전시설의 설치 ★☆☆

① 충전시설 설치대상 시설은 주차단위구획을 50개 이상 갖춘 시설 중 전기자동차 보급현황·보급계획·운행현황 및 도로여건 등을 고려하여 특별시·광역시·특별자치시·도·특별자치도의 조례로 정하는 시설을 말한다.
② 공동주택 중 100세대 이상의 아파트에 설치하도록 한다.

피뢰설비	① 낙뢰의 우려가 있는 건축물 또는 높이 20m 이상의 건축물에 피뢰설비를 설치한다.
	② 피뢰설비는 한국산업표준이 정하는 피뢰레벨 등급에 적합한 피뢰설비이어야 한다.
	③ 돌침은 건축물의 맨 윗부분으로부터 25cm 이상 돌출시켜 설치하되, 설계하중에 견딜 수 있는 구조이어야 한다.
	④ 피뢰설비의 재료는 최소 단면적이 피복이 없는 동선을 기준으로 수뢰부, 인하도선 및 접지극은 $50mm^2$ 이상이거나 이와 동등 이상의 성능을 갖추어야 한다.
	⑤ 피뢰설비의 인하도선을 대신하여 철골조의 철골구조물과 철근콘크리트조의 철근구조체 등을 사용하는 경우에는 전기적 연속성이 보장되어야 하며, 이 경우 전기적 연속성이 있다고 판단되기 위해서는 건축물 금속구조체의 최상단부와 지표레벨 사이의 전기저항이 0.2Ω 이하이어야 한다.
	⑥ 측면 낙뢰를 방지하기 위하여 높이가 60m를 초과하는 건축물 등에는 지면에서 건축물 높이의 4/5가 되는 지점부터 최상단 부분까지의 측면에 수뢰부를 설치하여야 한다.
	⑦ 지표레벨에서 최상단부의 높이가 150m를 초과하는 건축물은 120m 지점부터 최상단 부분까지의 측면에 수뢰부를 설치해야 한다.
	⑧ 접지는 환경오염을 일으킬 수 있는 시공방법이나 화학첨가물 등을 사용하지 않는다.
	⑨ 전기설비의 접지계통과 건축물의 피뢰설비 및 통신설비 등의 접지극을 공용하는 통합접지공사를 하는 경우에는 낙뢰 등으로 인한 과전압으로부터 전기설비 등을 보호하기 위하여 한국산업표준에 적합한 서지보호장치(SPD)를 설치하여야 한다.
항공장애 표시등	① 비행 중인 조종사에게 장애물의 존재를 알리기 위하여 사용되는 등화를 말하며, 종류로는 저광도 표시등, 중광도 표시등, 고광도 표시등이 있다.
	② 지표 또는 수면으로부터 높이가 60m 이상인 물체에는 항공장애표시등과 항공장애 주간표지를 설치하여야 한다.
안테나설비	① 피뢰침 보호각 내에 설치한다.
	② 안테나는 풍속 40m/s 정도에 견디도록 한다.
	③ 강전류로부터 3m 이상 떨어지도록 한다.
	④ 정합기(整合器)는 바닥에서 30cm 높이에 설치한다.

1. 기초용어 정리

용어	정의	단위	약호	비고
광속	광원에서 나오는 빛의 양	lumen	lm	−
광도	광원에서 나오는 빛의 세기	candela	cd	−
조도	어느 장소에 대한 빛의 밝기	lux	lx	조명설비에서 가장 기본이 되는 단위이다
휘도	빛을 발하는 표면의 밝기	cd/m^2	nt	휘도 보조단위는 스틸브 (sb; stilb)이다
광속 발산도	어느 장소에서 반사되어 나오는 빛의 밝기	lm/m^2	rlx	단위면적에서 단위시간에 반사되는 빛의 양이다

2. 광원 간의 비교

조명 효율 순서	나트륨등 > 메탈할라이트 > 형광등 > 수은등 > 할로겐등 > 백열등
수명이 긴 순서	나트륨등 > 수은등 > 형광등 > 메탈할라이트 > 할로겐등 > 백열등
연색성이 우수한 전등	백열등, 주광색 형광등, 메탈할라이트

3. 건축화 조명

(1) 정의

조명기구에 의한 조명방식이 아니라 천장, 벽, 기둥 등 건축물의 내부에 조명기구를 붙여서 건물의 내부와 일체를 만드는 조명이다.

(2) 특징

① 쾌적한 환경을 만들 수 있다.

② 발광면이 크기 때문에 빛이 확산하여 음영이 부드러워진다.

③ 시설비가 비싸다.

④ 직접조명보다 효율이 떨어진다.

⑤ 눈부심이 적고 명랑한 느낌을 준다.

(3) 종류

종류	내용
다운라이트 (Down Light)	천장에 작은 구멍을 뚫어 기구를 매입하여 조명하는 것
광천장 조명	확산 투과성의 조명 패널을 전면에 붙이고 그 위에 광원을 배치한 조명방식
광창 조명	넓은 사각형의 면적을 가진 광원을 천장 등에 매입하는 방식
광량 조명	조명기구를 기둥, 벽 등에 매입하는 방식
코브라이트 (Cove Light)	광원을 천장에 부착하고 그 직접광을 천장에 반사시켜 간접조명으로 하고 그 반사광에 의해 조도를 얻는 방식
코니스라이트 (Cornice Light)	벽과 평행으로 천장에 부착한 긴 패널로 광원을 덮고 하향으로 빛을 보내는 조명방식
밸런스라이트 (Balance Light)	코니스라이트와 비슷하나 광원이 상하향되게 설치한 것

4. 조명설계

(1) 조명설계순서

> 소요조도기준 결정 ⇨ 광원(전등) 설정 ⇨ 조명방식 및 조명기구 선정 ⇨ 조명기구 수량계산 ⇨ 조명기구 배치 ⇨ 소요광속 계산 및 조도 확인

(2) 광속의 결정

$$광속(F) = \frac{실면적(A) \times 조도(E) \times 감광보상률(D)}{광원개수(N) \times 조명률(U)} \, (lm)$$

핵심 09 교류 vs 직류 엘리베이터 ★★☆

구분	교류 엘리베이터	직류 엘리베이터
기동토크	작다	임의의 기동토크
승차감	나쁘다	좋다
전효율	40 ~ 60%	60 ~ 80%
착상오차	수 mm 이상	1mm 이하

가격	저렴	고가
속도	30 ~ 60m/min	90m/min 이상
속도조절	속도를 임의로 선택할 수 없다	속도를 임의로 선택할 수 있다
속도변동	부하에 따른 속도변동이 있다	부하에 따른 속도변동이 없다
감속기	기어식	기어리스식(120m/min 이상)
기계실	승강로 면적의 2배 이상	승강로 면적의 3 ~ 3.5배 이상

핵심 10 비상용 승강기 설치기준 ★★☆

설치기준	① 높이 31m를 초과하는 건축물에는 비상용 승강기를 추가로 설치하여야 한다. ② 2대 이상의 비상용 승강기를 설치하는 경우에는 화재가 났을 때 소화에 지장이 없도록 일정한 간격을 두고 설치하여야 한다.
승강장의 구조	① 승강장의 창문·출입구 기타 개구부를 제외한 부분은 당해 건축물의 다른 부분과 내화구조의 바닥 및 벽으로 구획할 것 ② 승강장은 각 층의 내부와 연결될 수 있도록 하되, 그 출입구(승강로의 출입구를 제외한다)에는 60분+ 또는 60분 방화문을 설치할 것(다만, 피난층에는 60분+ 또는 60분 방화문을 설치하지 아니할 수 있다) ③ 노대 또는 외부를 향하여 열 수 있는 창문이나 배연설비를 설치할 것 ④ 벽 및 반자가 실내에 접하는 부분의 마감재료(마감을 위한 바탕을 포함한다)는 불연재료로 할 것 ⑤ 채광이 되는 창문이 있거나 예비전원에 의한 조명설비를 할 것 ⑥ 승강장의 바닥면적은 비상용 승강기 1대에 대하여 $6m^2$ 이상으로 할 것(다만, 옥외에 승강장을 설치하는 경우에는 그러하지 아니하다) ⑦ 피난층이 있는 승강장의 출입구(승강장이 없는 경우에는 승강로의 출입구)로부터 도로 또는 공지(공원·광장 기타 이와 유사한 것으로서 피난 및 소화를 위한 당해 대지에의 출입에 지장이 없는 것을 말한다)에 이르는 거리가 30m 이하일 것 ⑧ 승강장 출입구 부근의 잘 보이는 곳에 당해 승강기가 비상용 승강기임을 알 수 있는 표지를 할 것
승강로의 구조	① 승강로는 당해 건축물의 다른 부분과 내화구조로 구획할 것 ② 각 층으로부터 피난층까지 이르는 승강로를 단일구조로 연결하여 설치할 것

비상호출장치	정전 시나 고장 등으로 승객이 갇혔을 때 외부와의 연락을 위한 장치
과부하감지장치	정격 적재하중을 초과하여 적재(승차) 시 경보가 울리고 도어가 열리는 장치
비상등	정전 시에 승강기 내부에서 5lx 이상의 밝기를 유지할 수 있는 예비조명장치
전자·기계브레이크	전자식으로 운전 중에는 항상 개방되어 있고, 정지 시에 전원이 차단됨과 동시에 작동하는 장치
전자브레이크	전동기가 회전을 정지하였을 경우 스프링의 힘으로 브레이크 드럼을 눌러 정지시키는 장치
도어스위치	카 도어 구동장치에 취부된 도어 안전장치로서 문이 완전히 닫혀야만 카를 출발시키는 장치
문닫힘안전장치 (세이프티슈)	승강기 문에 승객 또는 물건이 끼었을 때 자동으로 다시 열리게 되어 있는 장치
도어인터록 (Door Interlock)	승강장 도어 안전장치로서, 승강장 도어가 열렸을 때는 카가 운행할 수 없도록 하며, 카가 없는 층에서는 특수한 키가 아니면 외부에서 도어를 열 수 없도록 잠그는 장치
리미트 스위치 (Limit Switch)	승강기가 최상층 이상 및 최하층 이하로 운행되지 않도록 엘리베이터의 초과운행을 방지하여 주는 장치
파이널 리미트 스위치 (Final Limit Switch)	리미트 스위치의 고장을 대비한 2차 안전장치로, 주회로를 차단하는 장치
조속기 (Governor)	카의 속도가 정격속도의 1.3배를 넘을 경우에 과속스위치를 작동시켜 전자브레이크 동력을 끊음으로써 엘리베이터를 정지시키는 장치
비상정지장치	조속기 로프와 연결되어 있어 카의 정격속도의 1.4배를 넘을 경우에 가이드레일을 잡아 카를 안전하게 정지시키는 장치
로프 브레이크	승강기 추락 시 메인로프를 조임으로써 엘리베이터의 미끄러짐이나 떨어짐을 방지하는 비상제동장치
완충기 (Buffer)	비상정지장치가 작동하지 않거나 로프가 끊어져 카나 균형추가 최하층 아래로 낙하할 경우 스프링 또는 유체 등을 이용하여 카, 균형추 또는 평형추의 충격을 흡수하기 위한 장치
리타이어링 캠 (Retiring Cam)	카 문과 승강장의 문을 동시에 개폐시키는 장치
과속조절기	엘리베이터가 미리 설정된 속도에 도달할 때 엘리베이터를 정지시키도록 하고 필요한 경우에는 추락방지안전장치를 작동시키는 장치

빈칸 채우기로 CHAPTER 마무리

❶ 역률의 개선을 목적으로 각 기기마다 (   )를 설치한다.

❷ (   )는 공동주택에서 난방설비, 급수설비 등의 제어 및 상태감시를 위해 사용하는 현장제어 장치를 말한다.

❸ 분전반 1개에는 분기회로를 (   )회선 이내로 설치한다(예비회로 포함 40회선 이내).

❹ 분기회로 1개의 길이는 (   )m 이내로 한다.

❺ 가요전선관 공사는 주름관 안에 전선을 넣는 공사이며, 콘크리트에 매입하면 (   ).

❻ 공동주택 전기자동차 충전시설은 공동주택 중 (   )세대 이상의 아파트에 설치하도록 한다.

❼ 돌침은 건축물의 맨 윗부분으로부터 (   )cm 이상 돌출시켜 설치하되, 설계하중에 견딜 수 있는 구조이어야 한다.

❽ 승강장의 바닥면적은 비상용승강기 1대에 대하여 (   )m^2 이상으로 할 것(다만, 옥외에 승 강장을 설치하는 경우에는 그러하지 아니하다)

❾ (   )는 카 도어 구동장치에 취부된 도어 안전장치로서 문이 완전히 닫혀야만 카를 출발시키 는 장치이다.

❿ (   )는 비상정지장치가 작동하지 않거나 로프가 끊어져 카나 균형추가 최하층 아래로 낙하 할 경우 스프링 또는 유체 등을 이용하여 카, 균형추 또는 평형추의 충격을 흡수하기 위한 장치이다.

정답
① 콘덴서   ② DDC   ③ 20   ④ 30   ⑤ 안 된다   ⑥ 100   ⑦ 25   ⑧ 6   ⑨ 도어스위치   ⑩ 완충기

CHAPTER 11 | 홈네트워크 및 건축물의 에너지절약설계기준

▶ **연계학습** | 에듀윌 기본서 1차 [공동주택시설개론 下] p.359　　　회독체크 ☐1 ☐2 ☐3

CHAPTER 미리보기

01 홈네트워크기술 ★★☆　　　　　05 에너지 ★★★
02 홈네트워크 설비 용어 ★★★　　　06 건축물부문 에너지절약설계기준 ★★★
03 공동주택 홈네트워크 필수설비 ★☆☆　07 기계설비부문 에너지절약설계기준 ★★☆
04 홈네트워크설비의 설치기준 ★★★　　08 전기설비부문 에너지절약설계기준 ★★☆

핵심 01 홈네트워크기술 ★★☆

유선기술	Home PNA, 전력선 통신(PLC), 이더넷(Ethernet), IEEE 1394
무선기술	Home RF, Bluetooth, 무선 LAN, ZigBee, WiFi

핵심 02 홈네트워크 설비 용어 ★★★

1. 홈네트워크망

정의		홈네트워크장비 및 홈네트워크사용기기를 연결하는 것
종류	단지망	집중구내통신실에서 세대까지를 연결하는 망
	세대망	전유부분(각 세대 내)을 연결하는 망

2. 홈네트워크장비

정의		홈네트워크망을 통해 접속하는 장치
종류	홈게이트웨이	전유부분에 설치되어 세대 내에서 사용되는 홈네트워크사용기기들을 유무선 네트워크로 연결하고 세대망과 단지망 혹은 통신사의 기간망을 상호 접속하는 장치
	세대단말기	세대 및 공용부의 다양한 설비의 기능 및 성능을 제어하고 확인할 수 있는 기기로, 사용자인터페이스를 제공하는 장치

	단지네트워크 장비	세대 내 홈게이트웨이와 단지서버 간의 통신 및 보안을 수행하는 장비로서, 백본(Back-Bone), 방화벽(Fire Wall), 워크그룹스위치 등 단지망을 구성하는 장비
	단지서버	홈네트워크 설비를 총괄적으로 관리하며, 이로부터 발생하는 각종 데이터의 저장·관리·서비스를 제공하는 장비

3. 홈네트워크사용기기

정의	홈네트워크망에 접속하여 사용하는 장비	
종류	원격제어기기	주택 내부 및 외부에서 가스, 조명, 전기 및 난방, 출입 등을 원격으로 제어할 수 있는 기기
	원격검침 시스템	주택 내부 및 외부에서 전력, 가스, 난방, 온수, 수도 등의 사용량 정보를 원격으로 검침하는 시스템
	감지기	화재, 가스누설, 주거침입 등 세대 내의 상황을 감지하는 데 필요한 기기
	전자출입 시스템	비밀번호나 출입카드 등 전자매체를 활용하여 주동출입 및 지하주차장 출입을 관리하는 시스템
	차량출입 시스템	단지에 출입하는 차량의 등록 여부를 확인하고 출입을 관리하는 시스템
	무인택배 시스템	물품배송자와 입주자 간 직접 대면 없이 택배화물, 등기우편물 등 배달물품을 주고받을 수 있는 시스템
	그 밖에 영상정보처리기기, 전자경비시스템 등	

4. 홈네트워크설비 설치공간

정의	홈네트워크 설비가 위치하는 곳	
종류	세대단자함	세대 내에 인입되는 통신선로, 방송공동수신설비 또는 홈네트워크설비 등의 배선을 효율적으로 분배·접속하기 위하여 이용자의 전유부분에 포함되어 실내공간에 설치되는 분배함
	통신배관실 (TPS실)	통신용 파이프 샤프트 및 통신단자함을 설치하기 위한 공간
	집중구내통신실 (MDF실)	국선·국선단자함 또는 국선배선반과 초고속통신망장비, 이동통신망장비 등 각종 구내통신선로설비 및 구내용 이동통신설비를 설치하기 위한 공간
	그 밖에 방재실, 단지서버실, 단지네트워크센터 등	

| 핵심 03 | 공동주택 홈네트워크 필수설비 ★☆☆ |

홈네트워크 설치항목	종류
홈네트워크망	단지망, 세대망
홈네트워크장비	홈게이트웨이, 세대단말기, 단지네트워크장비, 단지서버
홈네트워크사용기기	원격제어기기, 원격검침시스템, 감지기, 전자출입시스템, 차량출입시스템, 무인택배시스템

◐ 홈네트워크 필수설비는 상시전원에 의한 동작이 가능하고, 정전 시 예비전원이 공급될 수 있도록 하여야 한다. 단, 세대단말기 중 이동형 기기(무선망을 이용할 수 있는 휴대용 기기)는 제외한다.

| 핵심 04 | 홈네트워크설비의 설치기준 ★★★ |

홈게이트웨이	① 홈게이트웨이는 세대단자함에 설치하거나 세대단말기에 포함하여 설치할 수 있다. ② 홈게이트웨이는 이상전원 발생 시 제품을 보호할 수 있는 기능을 내장하여야 하며, 동작 상태와 케이블의 연결 상태를 쉽게 확인할 수 있는 구조로 설치하여야 한다.
세대단말기	세대 내의 홈네트워크사용기기들과 단지서버 간의 상호 연동이 가능한 기능을 갖추어 세대 및 공용부의 다양한 기기를 제어하고 확인할 수 있어야 한다.
단지네트워크 장비	① 단지네트워크장비는 집중구내통신실 또는 통신배관실에 설치하여야 한다. ② 단지네트워크장비는 홈게이트웨이와 단지서버 간 통신 및 보안을 수행할 수 있도록 설치하여야 한다.
단지서버	① 단지서버는 집중구내통신실 또는 방재실에 설치할 수 있다. 다만, 단지서버가 설치되는 공간에는 보안을 고려하여 영상정보처리기기 등을 설치하되 관리자가 확인할 수 있도록 하여야 한다. ② 단지서버는 상온·상습인 곳에 설치하여야 한다.

	설치기준	① 원격제어기기는 전원공급, 통신 등 이상상황에 대비하여 수동으로 조작할 수 있어야 한다. ② 원격검침시스템은 각 세대별 원격검침장치가 정전 등 운용시스템의 동작 불능 시에도 계량이 가능해야 하며, 데이터 값을 보존할 수 있도록 구성하여야 한다.
홈네트워크 사용기기	감지기	① 가스감지기는 LNG인 경우에는 천장 쪽에, LPG인 경우에는 바닥 쪽에 설치하여야 한다. ② 동체감지기는 유효감지반경을 고려하여 설치하여야 한다. ③ 감지기에서 수집된 상황정보는 단지서버에 전송하여야 한다.
	전자출입 시스템	① 지상의 주동 현관 및 지하주차장과 주동을 연결하는 출입구에 설치하여야 한다. ② 화재발생 등 비상시, 소방시스템과 연동되어 주동현관과 지하주차장의 출입문을 수동으로 여닫을 수 있게 하여야 한다. ③ 강우를 고려하여 설계하거나 강우에 대비한 차단설비(날개벽, 차양 등)를 설치하여야 한다. ④ 접지단자는 프레임 내부에 설치하여야 한다.
	차량출입 시스템	① 차량출입시스템은 단지 주출입구에 설치하되, 차량의 진·출입에 지장이 없도록 하여야 한다. ② 관리자와 통화할 수 있도록 영상정보처리기기와 인터폰 등을 설치하여야 한다.
	무인택배 시스템	① 무인택배시스템은 휴대폰·이메일을 통한 문자서비스(SMS) 또는 세대단말기를 통한 알림서비스를 제공하는 제어부와 무인택배함으로 구성하여야 한다. ② 무인택배함의 설치수량은 소형주택의 경우 세대수의 약 10~15%, 중형주택 이상은 세대수의 15~20% 정도 설치할 것을 권장한다.
	영상정보 처리기기	① 영상정보처리기기의 영상은 필요시 거주자에게 제공될 수 있도록 관련 설비를 설치하여야 한다. ② 렌즈를 포함한 영상정보처리기기장비는 결로되거나 빗물이 스며들지 않도록 설치하여야 한다.

홈네트워크 설비 설치공간	세대단자함	① 세대단자함은 별도의 구획된 장소나 노출된 장소로서 침수 및 결로 발생의 우려가 없는 장소에 설치하여야 한다. ② 세대단자함은 500mm × 400mm × 80mm(깊이) 크기로 설치할 것을 권장한다.
	통신배관실	① 통신배관실 내의 트레이(Tray) 또는 배관, 덕트 등의 설치용 개구부는 화재 시 층간 확대를 방지하도록 방화처리제를 사용하여야 한다. ② 통신배관실의 출입문은 폭 0.7m, 높이 1.8m 이상(문틀의 내측치수)이어야 하며, 잠금장치를 설치하고, 관계자 외 출입통제 표시를 부착하여야 한다. ③ 통신배관실은 외부의 청소 등에 의한 먼지, 물 등이 들어오지 않도록 50mm 이상의 문턱을 설치하여야 한다. 다만, 차수판 또는 차수막을 설치하는 때에는 그러하지 아니하다.
	집중구내 통신실	① 집중구내통신실은 「방송통신설비의 기술기준에 관한 규정」 제19조에 따라 설치하되, 단지네트워크장비 또는 단지서버를 집중구내통신실에 수용하는 경우에는 설치 면적을 추가로 확보하여야 한다. ② 집중구내통신실은 독립적인 출입구와 보안을 위한 잠금장치를 설치하여야 한다. ③ 집중구내통신실은 적정온도의 유지를 위한 냉방시설 또는 흡배기용 환풍기를 설치하여야 한다.
하자담보 등		① 홈네트워크사용기기는 하자담보기간과 내구연한을 표기할 수 있다. ② 홈네트워크사용기기의 예비부품은 5% 이상 5년간 확보할 것을 권장하며, 이 경우 규정에 따른 내구연한을 고려하여야 한다.

에너지 ★★★

신에너지	정의	기존의 화석연료를 변환시켜 이용하거나 수소·산소 등의 화학 반응을 통하여 전기 또는 열을 이용하는 에너지를 말한다.
	종류	수소에너지, 연료전지, 석탄을 액화·가스화한 에너지 및 중질잔사유(重質殘渣油)를 가스화한 에너지, 그 밖에 석유·석탄·원자력 또는 천연가스가 아닌 에너지로서 대통령령으로 정하는 에너지 등이 있다.
재생에너지	정의	햇빛·물·지열(地熱)·강수(降水)·생물유기체 등을 포함하는 재생 가능한 에너지를 변환시켜 이용하는 에너지를 말한다.
	종류	태양에너지, 풍력·수력·해양에너지, 지열에너지, 생물자원을 변환시켜 사용하는 바이오에너지, 폐기물에너지(비재생폐기물로부터 생산된 것은 제외)로서 대통령령으로 전하는 기준 및 범위에 해당하는 에너지, 그 밖에 석유·석탄·원자력 또는 천연가스가 아닌 에너지로서 대통령령으로 정하는 에너지 등이 있다.

건축물부문 에너지절약설계기준 ★★★

1. 기밀 및 결로방지 등을 위한 조치

① 벽체 내표면 및 내부에서의 결로를 방지하고 단열재의 성능 저하를 방지하기 위하여 규정에 의하여 단열조치를 하여야 하는 부위(창 및 문과 난방공간 사이의 층간바닥 제외)에는 방습층을 단열재의 실내 측에 설치하여야 한다.

② 방습층 및 단열재가 이어지는 부위 및 단부는 이음 및 단부를 통한 투습을 방지할 수 있도록 다음과 같이 조치하여야 한다.

  ㉠ 단열재의 이음부는 최대한 밀착하여 시공하거나, 2장을 엇갈리게 시공하여 이음부를 통한 단열성능 저하가 최소화될 수 있도록 조치할 것

  ㉡ 방습층으로 알루미늄박 또는 플라스틱계 필름 등을 사용할 경우의 이음부는 100mm 이상 중첩하고 내습성 테이프, 접착제 등으로 기밀하게 마감할 것

  ㉢ 단열부위가 만나는 모서리 부위는 방습층 및 단열재가 이어짐이 없이 시공하거나 이어질 경우 이음부를 통한 단열성능 저하가 최소화되도록 하며, 알루미늄박 또는 플라스틱계 필름 등을 사용할 경우의 모서리 이음부는 150mm 이상 중첩되게 시공하고 내습성 테이프, 접착제 등으로 기밀하게 마감할 것

  ㉣ 방습층의 단부는 단부를 통한 투습이 발생하지 않도록 내습성 테이프, 접착제 등으로 기밀하게 마감할 것

③ 건축물 외피 단열부위의 접합부, 틈 등은 밀폐될 수 있도록 코킹과 가스켓 등을 사용하여 기밀하게 처리하여야 한다.

2. 건축부문의 권장사항

배치계획	① 건축물은 대지의 향, 일조 및 주풍향 등을 고려하여 배치하며, 남향 또는 남동향 배치를 한다. ② 공동주택은 인동간격을 넓게 하여 저층부의 태양열 취득을 최대한 증대시킨다.
평면계획	① 거실의 층고 및 반자 높이는 실의 용도와 기능에 지장을 주지 않는 범위 내에서 가능한 한 낮게 한다. ② 건축물의 체적에 대한 외피면적의 비 또는 연면적에 대한 외피면적의 비는 가능한 한 작게 한다. ③ 실의 냉난방 설정온도, 사용스케줄 등을 고려하여 에너지절약적 조닝계획을 한다.

핵심 07 **기계설비부문 에너지절약설계기준** ★★☆

1. 용어정리

위험률	냉(난)방기간 동안 또는 연간 총시간에 대한 온도출현분포 중에서 가장 높은(낮은) 온도 쪽으로부터 총시간의 일정 비율에 해당하는 온도를 제외시키는 비율을 말한다.
대수분할운전	기기를 여러 대 설치하여 부하상태에 따라 최적 운전상태를 유지할 수 있도록 기기를 조합하여 운전하는 방식을 말한다.
비례제어운전	기기의 출력값과 목표값의 편차에 비례하여 입력량을 조절하여 최적운전 상태를 유지할 수 있도록 운전하는 방식을 말한다.
이코노마이저 시스템	중간기 또는 동계에 발생하는 냉방부하를 실내 엔탈피보다 낮은 도입외기에 의하여 제거 또는 감소시키는 시스템을 말한다.
중앙집중식 냉·난방설비	건축물의 전부 또는 냉·난방 면적의 60% 이상을 냉방 또는 난방함에 있어 해당 공간에 순환펌프, 증기난방설비 등을 이용하여 열원 등을 공급하는 설비를 말한다. 단, 산업통상자원부 고시 「효율관리기자재 운용규정」에서 정한 가정용 가스보일러는 개별 난방설비로 간주한다.

2. 설계용 외기조건

① 난방 및 냉방설비의 용량계산을 위한 외기조건은 각 지역별로 위험률 2.5%(냉방기 및 난방기를 분리한 온도출현분포를 사용할 경우) 또는 1%(연간 총시간에 대한 온도출현 분포를 사용할 경우)로 하거나 기준에서 정한 외기 온·습도를 사용한다.

② 기준에서 정한 이외의 지역인 경우에는 상기 위험률을 기준으로 하여 가장 유사한 기후조건을 갖는 지역의 값을 사용한다(단, 지역난방공급방식을 채택할 경우에는 산업통상자원부 고시 집단에너지시설의 기술기준에 의하여 용량계산을 할 수 있다).

3. 기계부문의 권장사항

① 난방기기, 냉방기기, 냉동기, 송풍기, 펌프 등은 부하조건에 따라 최고의 성능을 유지할 수 있도록 대수분할 또는 비례제어운전이 되도록 한다.

② 냉방 또는 난방 순환수 펌프, 냉각수 순환 펌프는 운전효율을 증대시키기 위해 가능한 한 대수제어 또는 가변속제어방식을 채택하여 부하상태에 따라 최적 운전상태가 유지될 수 있도록 한다.

③ 급수용 펌프 또는 급수가압펌프의 전동기에는 가변속제어방식 등 에너지절약적 제어방식을 채택한다.

④ 기계환기시설을 사용하여야 하는 지하주차장의 환기용 팬은 대수제어 또는 풍량조절(가변익, 가변속도), 일산화탄소(CO)의 농도에 의한 자동(On−Off)제어 등의 에너지절약적 제어방식을 도입한다.

1. 용어정리

역률개선용 커패시터(콘덴서)	역률을 개선하기 위하여 변압기 또는 전동기 등에 병렬로 설치하는 커패시터를 말한다.
수용률	부하설비 용량 합계에 대한 최대수용전력의 백분율을 말한다.
최대수요전력, 최대수요전력 제어설비	최대수요전력은 수용가에서 일정기간 중 사용한 전력의 최대치를 말하며, 최대수요전력제어설비라 함은 수용가에서 피크전력의 억제, 전력부하의 평준화 등을 위하여 최대수요전력을 자동 제어할 수 있는 설비를 말한다.
대기전력 자동차단장치	산업통상자원부 고시 「대기전력저감프로그램운용규정」에 의하여 대기전력저감우수제품으로 등록된 대기전력자동차단콘센트, 대기전력자동차단스위치를 말한다.
일괄소등스위치	층 또는 구역 단위(세대 단위)로 설치되어 조명등(센서등 및 비상등 제외 가능)을 일괄적으로 끌 수 있는 스위치를 말한다.

2. 전기부문의 의무사항

① 조명기구는 필요에 따라 부분조명이 가능하도록 점멸회로를 구분하여 설치하여야 하며, 일사광이 들어오는 창 측의 전등군은 부분점멸이 가능하도록 설치한다 (단, 공동주택은 그러하지 않을 수 있다).

② 공동주택의 효율적인 조명에너지 관리를 위하여 세대별로 일괄적 소등이 가능한 일괄소등스위치를 설치하여야 한다(단, 전용면적 $60m^2$ 이하인 주택의 경우에는 그러하지 않을 수 있다).

3. 전기부문의 권장사항

① 부하특성, 부하종류, 계절부하 등을 고려하여 변압기의 운전대수제어가 가능하도록 뱅크를 구성한다.

② 역률개선용 커패시터(콘덴서)를 집합 설치하는 경우에는 역률자동조절장치를 설치한다.

③ 건축물의 사용자가 합리적으로 전력을 절감할 수 있도록 층별 및 임대 구획별로 전력량계를 설치한다.

④ 옥외등은 고효율제품인 LED 조명을 사용하고, 옥외등의 조명회로는 격등 점등(또는 조도조절 기능) 및 자동점멸기에 의한 점멸이 가능하도록 한다.

⑤ 효율적인 조명에너지 관리를 위하여 층별 또는 구역별로 일괄 소등이 가능한 일괄소등스위치를 설치한다.

⑥ 여러 대의 승강기가 설치되는 경우에는 군관리 운행방식을 채택한다.

빈칸 채우기로 CHAPTER 마무리

❶ (   )는 전유부분에 설치되어 세대 내에서 사용되는 홈네트워크사용기기들을 유무선 네트워크로 연결하고 세대망과 단지망 혹은 통신사의 기간망을 상호 접속하는 장치이다.

❷ (   )는 세대 내 홈게이트웨이와 단지서버 간의 통신 및 보안을 수행하는 장비로서, 백본(Back-Bone), 방화벽(Fire Wall), 워크그룹스위치 등 단지망을 구성하는 장비이다.

❸ (   )은 통신용 파이프 샤프트 및 통신단자함을 설치하기 위한 공간이다.

❹ 단지네트워크장비는 집중구내통신실 또는 (   )에 설치하여야 한다.

❺ 가스감지기는 (   )인 경우에는 천장 쪽에, (   )인 경우에는 바닥 쪽에 설치하여야 한다.

❻ 무인택배함의 설치수량은 소형주택의 경우 세대수의 약 (   ) ~ (   )%, 중형주택 이상은 세대수의 (   ) ~ (   )% 정도 설치할 것을 권장한다.

❼ 통신배관실의 출입문은 폭 (   )미터, 높이 (   )미터 이상(문틀의 내측치수)이어야 하며, 잠금장치를 설치하고, 관계자 외 출입통제 표시를 부착하여야 한다.

❽ (   )는 건축물의 전부 또는 냉·난방 면적의 60% 이상을 냉방 또는 난방함에 있어 해당 공간에 순환펌프, 증기난방설비 등을 이용하여 열원 등을 공급하는 설비를 말한다.

❾ 기계환기시설을 사용하여야 하는 지하주차장의 환기용 팬은 대수제어 또는 풍량조절(가변익, 가변속도), (   )의 농도에 의한 자동(On-Off)제어 등의 에너지절약적 제어방식을 도입한다.

❿ 역률개선용 커패시터(콘덴서)는 역률을 개선하기 위하여 변압기 또는 전동기 등에 (   )로 설치하는 커패시터를 말한다.

정답

① 홈게이트웨이　② 단지네트워크장비　③ 통신배관실(TPS실)　④ 통신배관실　⑤ LNG / LPG
⑥ 10 / 15 / 15 / 20　⑦ 0.7 / 1.8　⑧ 중앙집중식 냉·난방설비　⑨ 일산화탄소(CO)　⑩ 병렬

INDEX 필수용어 찾아보기

※ 용어의 의미를 정확히 알고 있는지 확인하고 □에 체크해 보세요. 헷갈리는 용어는 해당 페이지로 돌아가 다시 학습합니다.

ㄱ

- □ 가새재   21
- □ 가스계량기   145
- □ 가스배관   146
- □ 가압송수장치   150
- □ 가요전선관공사   170
- □ 각개통기관   135
- □ 간접가열식   127
- □ 감지기   180
- □ 개량 아스팔트시트 방수   78
- □ 개량압착붙이기   97
- □ 거푸집의 측압   35
- □ 건조수축   44
- □ 건조수축균열   43
- □ 건축화 조명   172
- □ 걸레받이   102
- □ 격리재   35
- □ 결로현상   115
- □ 결합통기관   136
- □ 경질비닐관공사   170
- □ 고가(옥상)탱크방식   119
- □ 고막이   102
- □ 고임재 및 간격재   35
- □ 고장력볼트   57
- □ 고정하중   17
- □ 공간쌓기   67
- □ 공기전달음   112
- □ 공동현상   123
- □ 구조내력   16
- □ 굵은골재   36
- □ 균열폭   42
- □ 그루브용접   60
- □ 글로브밸브   116
- □ 금속관공사   170

- □ 급탕배관   128
- □ 급탕부하   124
- □ 기계환기   165
- □ 기계환기설비   165
- □ 기둥   16
- □ 기초   16, 27
- □ 긴결재   35

ㄴ

- □ 난방도일   112
- □ 내단열   114
- □ 내진구조   18
- □ 내화피복   62
- □ 노점온도   111
- □ 노통연관보일러   125
- □ 녹막이 도장   56
- □ 누인홈통   85
- □ 누전경보기   152

ㄷ

- □ 단기하중   17
- □ 단지네트워크장비   178
- □ 도막방수   79
- □ 도어체크   89
- □ 도피통기관   136
- □ 동결융해   41
- □ 동시줄눈붙이기   97
- □ 드럼트랩   131
- □ 떠붙이기   97

ㄹ

- □ 라멘구조   19
- □ 라이팅덕트공사   170
- □ 레버토리힌지   89

- □ 로이유리   91
- □ 루프통기관   135

ㅁ

- □ 마찰말뚝   29
- □ 말뚝기초   28
- □ 멀리온   87
- □ 명세견적   103
- □ 무인택배시스템   180
- □ 물−결합재비(물시멘트비)   38
- □ 물매   83
- □ 밀시트   55

ㅂ

- □ 박리제   35
- □ 방습공사   81
- □ 백화현상   69
- □ 베인 테스트   24
- □ 벽돌수량(매) 산출   105
- □ 벽돌쌓기   67
- □ 보   16
- □ 보링   23
- □ 보일링 현상   26
- □ 복사난방   158
- □ 복합기초   28
- □ 봉수   131
- □ 부동(등)침하   24
- □ 부등률   168
- □ 부스터 방식   120
- □ 부하율   168
- □ 분기회로   169
- □ 분전반   169
- □ 분출작용   132
- □ 블리딩   38

☐ 비상용 승강기　174
☐ 뿜칠　101

ㅅ

☐ 상대습도　111
☐ 샌드 드레인
　(Sand Drain) 공법　25
☐ 생물학적처리방법　141
☐ 서징현상　123
☐ 선홈통　85
☐ 세대단말기　177
☐ 세대단자함　181
☐ 센트럴믹스트 콘크리트　49
☐ 소성수축균열　43
☐ 소성침하균열　43
☐ 수관보일러　125
☐ 수도직결방식　119
☐ 수성페인트　99
☐ 수용률(수요율)　168
☐ 순간온수기　127
☐ 쉘(Shell)구조　20
☐ 슈미트해머법　39
☐ 스캘럽　55
☐ 스컴　141
☐ 스트레이너　116
☐ 스프링클러 시스템　150
☐ 슬럼프시험　40
☐ 슬루스밸브　116
☐ 슬리브배관　120
☐ 시멘트모르타르 바름　94
☐ 시어커넥터　62
☐ 신정통기관　136
☐ 신축줄눈　46

ㅇ

☐ 아스팔트 프라이머　76
☐ 아일랜드 컷 공법　26
☐ 아치구조　20
☐ 아치쌓기　67
☐ 알루미늄 창호　87

☐ 알칼리 골재반응　41
☐ 압력탱크방식　120
☐ 압착붙이기　97
☐ 압축식　161
☐ 양생　48
☐ 에나멜페인트　100
☐ 엘리베이터 안전장치　175
☐ 역률개선용 커패시터
　(콘덴서)　185
☐ 연성계　150
☐ 연속기초　28
☐ 열감지기　151
☐ 열관류　113
☐ 열전도　113
☐ 영식쌓기　66
☐ 오수정화조　142
☐ 온도균열　44
☐ 온수난방　157
☐ 온수온돌 마감
　모르타르 바름　95
☐ 외단열　114
☐ 용접접합　59
☐ 웰 포인트(Well Point)
　공법　25
☐ 위생기구　138
☐ 유도등　154
☐ 유도표지　154
☐ 유성페인트　100
☐ 유인사이펀 작용　132
☐ 일반관리비　104

ㅈ

☐ 자체점검　148
☐ 잔골재　36
☐ 잠열　110
☐ 장시간 폭기방식　142
☐ 장식홈통　85
☐ 전단균열　44
☐ 전단보강근　34
☐ 전면기초　28
☐ 전자출입시스템　180

☐ 정격출력　124
☐ 정온식　151
☐ 조립식(PC)구조　19
☐ 조명설계순서　173
☐ 조절줄눈　46
☐ 줄기초　28
☐ 중성화　41
☐ 중앙집중식 냉·난방설비　183
☐ 증기난방　157
☐ 지반개량공법　25
☐ 지반조사방법　24
☐ 지역난방　160
☐ 지연줄눈　46
☐ 지정　27
☐ 지지말뚝　29
☐ 지진하중　18
☐ 직접가열식　127
☐ 진공(역류)방지기　121
☐ 집중구내통신실(MDF실)178

ㅊ

☐ 차동식　151
☐ 처마홈통　85
☐ 철근의 이음　33
☐ 철근의 피복두께　34
☐ 청소구　133
☐ 체절운전　150
☐ 체크밸브　116
☐ 축동력　122
☐ 축마력　122
☐ 충압펌프　150
☐ 층간소음　113
☐ 침입도　76

ㅋ

☐ 코너비드　95
☐ 콘크리트 압축강도　38
☐ 콜드 조인트　46
☐ 크로스커넥션　121
☐ 크리프　44

ㅌ

- ☐ 타일붙이기   96
- ☐ 테두리보   72
- ☐ 토출작용   132
- ☐ 통기배관   137
- ☐ 통기설비   134
- ☐ 통신배관실(TPS실)   178
- ☐ 트랩   131

ㅍ

- ☐ 파이핑 현상   26
- ☐ 팽창관   126
- ☐ 팽창탱크   126
- ☐ 평판재하 시험   24
- ☐ 표준관입시험   24
- ☐ 풍소란   87
- ☐ 플랫슬래브구조   19
- ☐ 플로어힌지   89
- ☐ 피뢰설비   171
- ☐ 피봇힌지   89
- ☐ 필릿용접   60

ㅎ

- ☐ 하수처리시설   140
- ☐ 한중콘크리트   48
- ☐ 할증률   104
- ☐ 합성고분자계 시트방수   78
- ☐ 항공장애 표시등   171
- ☐ 헤더공법   126
- ☐ 현수(케이블)구조   20
- ☐ 현열   110
- ☐ 현장타설(제자리) 콘크리트말뚝   29
- ☐ 혐기성 처리방법   141
- ☐ 호기성 처리방법   141
- ☐ 홈게이트웨이   177
- ☐ 홈네트워크망   177
- ☐ 홈네트워크장비   177, 179
- ☐ 확대(독립)기초   28
- ☐ 환기횟수   166
- ☐ 활(적재)하중   17
- ☐ 흡수식   161
- ☐ 히빙 현상   26

기타

- ☐ AE제   37
- ☐ BOD   140
- ☐ COD   141
- ☐ DO   141
- ☐ LNG   145
- ☐ LPG   145
- ☐ P트랩   131
- ☐ SS   141
- ☐ S트랩   131
- ☐ U트랩   131

삶의 순간순간이
아름다운 마무리이며
새로운 시작이어야 한다.

– 법정 스님

여러분의 작은 소리
에듀윌은 크게 듣겠습니다.

본 교재에 대한 여러분의 목소리를 들려주세요.
공부하시면서 어려웠던 점, 궁금한 점,
칭찬하고 싶은 점, 개선할 점, 어떤 것이라도 좋습니다.

에듀윌은 여러분께서 나누어 주신 의견을
통해 끊임없이 발전하고 있습니다.

에듀윌 도서몰 book.eduwill.net
• 부가학습자료 및 정오표: 에듀윌 도서몰 → 도서자료실
• 교재 문의: 에듀윌 도서몰 → 문의하기 → 교재(내용, 출간) / 주문 및 배송

2025 에듀윌 주택관리사 1차 핵심요약집 공동주택시설개론

발 행 일	2025년 1월 5일 초판
편 저 자	신명
펴 낸 이	양형남
펴 낸 곳	(주)에듀윌
I S B N	979-11-360-3547-9
등록번호	제25100-2002-000052호
주 소	08378 서울특별시 구로구 디지털로34길 55
	코오롱싸이언스밸리 2차 3층

* 이 책의 무단 인용·전재·복제를 금합니다.

www.eduwill.net
대표전화 1600-6700

11,800여 건의 생생한 후기

에듀윌로 합격과 취업 모두 성공

저는 1년 정도 에듀윌에서 공부하여 합격하였습니다. 수많은 주택관리사 합격생을 배출해 낸 1위 기업이라는 점 때문에 에듀윌을 선택하였고, 선택은 틀리지 않았습니다. 에듀윌에서 제시하는 커리큘럼은 상대평가에 최적화되어 있으며, 나에게 맞는 교수님을 선택할 수 있었기 때문에 만족하며 공부를 할 수 있었습니다. 또한 합격 후에는 에듀윌 취업지원센터의 도움을 통해 취업까지 성공할 수 있었습니다. 에듀윌만 믿고 따라간다면 합격과 취업 모두 문제가 없을 것입니다.

한○수 합격생

20년 군복무 끝내고 주택관리사로 새 출발

육군 소령 전역을 앞두고 70세까지 전문직으로 할 수 있는 제2의 직업이 뭘까 고민하다가 주택관리사 시험에 도전하게 됐습니다. 주택관리사를 검색하면 에듀윌이 가장 먼저 올라오고, 취업까지 연결해 주는 프로그램이 잘 되어 있어서 에듀윌을 선택하였습니다. 특히, 언제 어디서나 지원되는 동영상 강의와 시험을 앞두고 진행되는 특강, 모의고사가 많은 도움이 되었습니다. 거기에 오답노트를 만들어서 틈틈이 공부했던 것까지가 제 합격의 비법인 것 같습니다.

박○현 합격생

에듀윌에서 공인중개사, 주택관리사 준비해 모두 합격

에듀윌에서 준비해 제27회 공인중개사 시험에 합격한 후, 취업 전망을 기대하고 주택관리사에도 도전하게 됐습니다. 높은 합격률, 차별화된 학습 커리큘럼, 훌륭한 교수진, 취업지원센터를 통한 취업 연계 등 여러 가지 이유로 다시 에듀윌을 선택했습니다. 에듀윌 학원은 체계적으로 학습 관리를 해 주고, 공부할 수 있는 공간이 많아서 좋았습니다. 교수님과 자기 자신을 믿고, 에듀윌에서 시작하면 반드시 합격할 수 있습니다.

이○준 합격생

다음 합격의 주인공은 당신입니다!

더 많은
합격 비법

1위 에듀윌만의
체계적인 합격 커리큘럼

원하는 시간과 장소에서, 1:1 관리까지 한번에
온라인 강의

① 전 과목 최신 교재 제공
② 업계 최강 교수진의 전 강의 수강 가능
③ 교수진이 직접 답변하는 1:1 Q&A 서비스

쉽고 빠른 합격의 첫걸음 합격필독서 무료 신청

최고의 학습 환경과 빈틈 없는 학습 관리
직영학원

① 현장 강의와 온라인 강의를 한번에
② 합격할 때까지 온라인 강의 평생 무제한 수강
③ 강의실, 자습실 등 프리미엄 호텔급 학원 시설

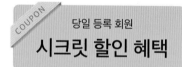
COUPON
당일 등록 회원
시크릿 할인 혜택

설명회 참석 당일 등록 시 특별 수강 할인권 제공

친구 추천 이벤트

"친구 추천하고 한 달 만에
920만원 받았어요"

친구 1명 추천할 때마다 현금 10만원 제공
추천 참여 횟수 무제한 반복 가능

※ *a*o*h**** 회원의 2021년 2월 실제 리워드 금액 기준
※ 해당 이벤트는 예고 없이 변경되거나 종료될 수 있습니다.

친구 추천 이벤트
바로가기

* 2023 대한민국 브랜드만족도 주택관리사 교육 1위 (한경비즈니스)

에듀윌 직영학원에서 합격을 수강하세요

언제나 전문 학습 매니저와 상담이 가능한 안내데스크

고품질 영상 및 음향 장비를 갖춘 최고의 강의실

재충전을 위한 카페 분위기의 아늑한 휴게실

에듀윌의 상징 노란색의 환한 학원 입구

에듀윌 직영학원 대표전화

공인중개사 학원 02)815-0600	공무원 학원 02)6328-0600	편입 학원 02)6419-0600
주택관리사 학원 02)815-3388	소방 학원 02)6337-0600	
전기기사 학원 02)6268-1400	부동산아카데미 02)6736-0600	

주택관리사 학원
바로가기